Internet
Edición 2013

ANA MARTOS RUBIO

Edición española:

© EDICIONES ANAYA MULTIMEDIA
  (GRUPO ANAYA, S.A.), 2013
  Juan Ignacio Luca de Tena, 15.
  28027, Madrid
  Depósito legal: M. 36.863-2012
  ISBN: 978-84-415-3313-4
  Printed in Spain

Índice

I

INTRODUCCIÓN

Hace tiempo que Internet ha dejado de ser una novedad o una curiosidad, porque, a lo largo de los años y casi sin darnos cuenta, se ha instalado definitivamente en nuestras vidas. Está lejos el tiempo en que las tecnologías de la información pertenecían al mundo técnico, laboral o estudiantil y solamente los iniciados podían manejarlas. Hoy son cosa de todos, a todos nos afectan de una u otra manera y todos podemos beneficiarnos de ellas.

Internet ha dejado de ser una ventana al mundo para convertirse en "la ventana" que nos muestra el mundo cotidiano, el nuestro y el de los demás. Todo está en Internet. El conocimiento, la comunicación, la ciencia, el ocio, la amistad, el arte. Por desgracia, también están el fraude, la ambición, la violencia y el desatino, porque, al fin y al cabo, Internet no es más que un mundo paralelo al mundo real que vivimos, al que refleja como un espejo. Por eso es importante conocerlo, manejarlo, disfrutarlo y defendernos de su lado oscuro.

Si ya conoce Internet, este libro le ayudará a adecuar sus conocimientos al nuevo sistema operativo de Microsoft, Windows 8. Si no conoce Internet o aún no ha entrado de lleno en la Red, este libro le llevará, paso a paso, por el camino del conocimiento, del control, del aprovechamiento y del disfrute de sus ilimitados recursos, con las medidas precisas para su seguridad y para su privacidad.

1

INTERNET
CON WINDOWS 8

Windows 8 está diseñado para trabajar con Internet. Por ello, la conexión es prácticamente automática y solamente requiere disponer de un contrato con uno de los muchos operadores que ofrecen conexión a la Red. Cada proveedor de servicios de Internet ofrece distintos modos de conexión que requieren diferentes elementos.

¿CABLE O WI-FI?

A la hora de contratar servicios de Internet, conviene conocer las ventajas y los inconvenientes de utilizar una conexión con cable o una conexión inalámbrica.

Con cable

La conexión con cable consiste en conectar un router a la parte trasera del ordenador mediante un cable. El ordenador contiene una tarjeta de comunicaciones, llamada tarjeta Ethernet, que muestra un conector en la parte trasera al que hay que enlazar el router. Es el puerto Ethernet. El router debe a su vez conectarse a la línea telefónica y a la red eléctrica.

Figura 1.1. El puerto Ethernet es la entrada precisa para conectar el router.

Nota: El router, que se podría traducir por encaminador o direccionador, es un dispositivo para conectar redes de comunicaciones. Su función es transmitir los paquetes de información para que lleguen a su destino.

Figura 1.2. El router permite conectar más de un equipo.

Conexión inalámbrica

Además de la tarjeta de comunicaciones, los ordenadores portátiles, y algunos de sobremesa, traen incorporado un dispositivo capaz de detectar las redes inalámbricas existentes y de conectarse a cualquiera de ellas, siempre que se conozca la contraseña de acceso.

Nota: Wi-Fi es una tecnología sin cables muy útil y fácil de instalar. Los dispositivos Wi-Fi crean una red inalámbrica que emite una señal a la que puede conectarse cualquier ordenador que disponga del adaptador necesario. Existen numerosos locales públicos, como ayuntamientos, restaurantes, hoteles, casas de cultura, que ofrecen cobertura Wi-Fi gratuita. Muchas redes Wi-Fi municipales abarcan distancias considerables, permitiendo conectarse gratuitamente en lugares abiertos.

Figura 1.3. Windows detecta las redes inalámbricas existentes.

El router permite conectar más de un equipo mediante conexión por cable o inalámbrica. Para la conexión inalámbrica, su proveedor de servicios de Internet le facilitará una contraseña que usted deberá escribir cuando Windows la solicite.

Figura 1.4. La conexión Wi-Fi requiere contraseña.

Ventajas e inconvenientes

La conexión por cable es más segura, no solamente en cuanto a que los datos circulan con mayor protección, sino que no se pierde velocidad de transmisión. Se pueden conectar varios equipos según el número de puertos de entrada que tenga el router. La desventaja de este tipo de conexión es la necesidad de tender cableados que a veces resultan molestos en una vivienda, sobre todo, si hay distancia entre los aparatos.

La conexión inalámbrica resulta muy cómoda, pues no precisa cables, sino que el equipo se conecta al router mediante un dispositivo Wi-Fi cuya señal alcanza una distancia de 20 a 50 metros. Se pueden conectar al mismo router diversos elementos como ordenadores, consolas, teléfonos móviles o tabletas. La desventaja de este tipo de conexión es la pérdida de señal debido a barreras naturales como las paredes de la vivienda o las interferencias de otros aparatos, lo que significa una disminución importante de la velocidad de transmisión. La revista *Eroski Consumer* (mayo 2012) menciona un estudio realizado entre tres millones de conexiones inalámbricas y señala que la pérdida de velocidad llega a un 62,4 por ciento.

En todo caso, hay que tener en cuenta que la velocidad contratada con el proveedor de servicios de Internet se refiere a la velocidad máxima que la conexión puede alcanzar. Eso significa que la velocidad máxima no siempre se cumple.

PRÁCTICA:

Compruebe la velocidad de su conexión:

1. Escriba esta dirección en la barra de direcciones de Internet Explorer, http://www.testdevelocidad.es y pulse la tecla **Intro** del teclado del ordenador.
2. Haga clic en **Empezar.**

3. Observe los resultados en el cuadro azul que aparece al finalizar la prueba.

Figura 1.5. Compruebe la velocidad de su conexión.

Nota: Banda ancha significa comunicación de alta velocidad.

Veamos los modos de conexión más habituales.

• Las líneas ADSL ofrecen gran velocidad de transmisión y permiten utilizar al mismo tiempo el teléfono y la conexión a Internet. Son las líneas habituales de conexión a Internet para ordenadores.

• Las tecnologías 3G y 4G son respectivamente la tercera y cuarta generación de tecnología para conexión a Internet de dispositivos móviles, como teléfonos y tabletas. Se diferencian en la velocidad y en la calidad de la transmisión.

- El "pincho" USB. Se denomina así a un dispositivo que se conecta a un puerto USB del ordenador y que permite acceder a Internet sin emplear cables ni instalar un router. La ventaja de este dispositivo es que resulta económico y cómodo. Su desventaja es que el tráfico es limitado y es preciso controlar el consumo de datos. Resulta útil para conectarse temporalmente y limitar el uso de la Red a gestionar el correo electrónico o a recopilar información. Si se excede el consumo especificado, por ejemplo, descargando imágenes de alta resolución, escuchando música o viendo vídeos, la operadora aplica el tramo de tarifa siguiente y ya no resulta económico, o bien, si no hay que pagar más, la velocidad de transmisión desciende considerablemente.

EL MEJOR PROVEEDOR DE SERVICIOS DE INTERNET

Los proveedores de servicios de Internet son empresas con las que es preciso contratar la conexión a la Red. Cada proveedor ofrece diferentes alternativas en cuanto a tarifas y prestaciones.

La diferencia entre un proveedor y otro no está solamente en el precio y en las prestaciones, como velocidad, cuentas de correo electrónico o espacio personal disponible, sino también en la respuesta a problemas y averías. Es importante que el proveedor responda adecuadamente cuando sea preciso recibir asistencia técnica, que aporte la ayuda necesaria y que ofrezca asesoría siempre que se necesite. Las páginas de Internet ofrecen varias direcciones con las características, precios y servicios de distintos proveedores. Las encontrará en:

http://www.comparador-adsl.com

http://www.adslzone.net/comparativa.html

http://www.comparativadeadsl.com/comparador

Los derechos del internauta

Antes de iniciar los trámites para la contratación de servicios de Internet, es importante que conozca sus derechos como usuario, especialmente en lo que se refiere a altas y bajas, tarifas, cambios de operador, etc. No olvide que existe una legislación precisa al respecto. El Ministerio de Industria, Energía y Turismo ofrece una oficina de atención al usuario de telecomunicaciones. Encontrará toda la información relativa a sus derechos, a los operadores de telefonía e Internet, así como la posibilidad de presentar reclamaciones en esta dirección:

http://www.usuariosteleco.es

También puede utilizar los números de teléfono siguientes:

91 218 42 76 y 901 33 66 99.

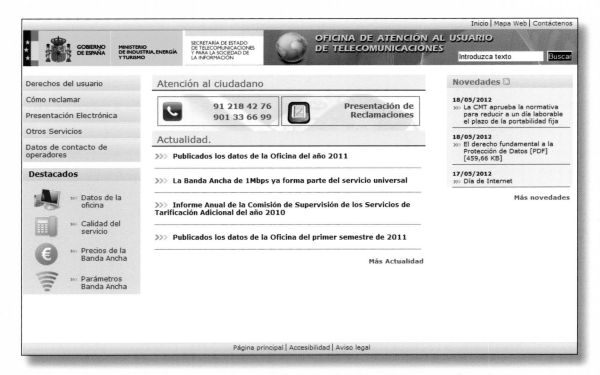

Figura 1.6. Los derechos del usuario de telecomunicaciones.

CONÉCTESE A INTERNET CON WINDOWS 8

 **Importante:** En todos los casos, recuerde que debe recabar la ayuda de su proveedor de servicios de Internet, quien debe resolverle todas las dudas que se planteen a la hora de instalar los dispositivos, de establecer la conexión o de poner en marcha el correo electrónico.

Con Windows 8, la conexión a Internet es prácticamente automática. Antes de poner en marcha el equipo, conecte el cable que une el router con el puerto Ethernet (véase la figura 1.1) y conecte el router a la red eléctrica y a la línea telefónica. Si va a utilizar Wi-Fi, solamente tendrá que encender el router para que Windows capte la señal. Escriba la contraseña de seguridad que le habrá facilitado su proveedor, cuando Windows se lo requiera.

PRÁCTICA:

Si tiene posibilidades de conectarse tanto con cable como por Wi-Fi, es posible que Windows le presente un asistente para que elija su conexión a Internet. En tal caso, haga lo siguiente:

1. Haga clic en Conectarse a Internet. Haga clic en el botón **Siguiente**.

2. Haga clic en Banda ancha (PPPoE).

3. Escriba el nombre de usuario y la contraseña que le ha facilitado su proveedor. Escriba un nombre para la conexión. Puede ser cualquier nombre que la distinga de otras conexiones.

4. Si lo desea, haga clic en la casilla Permitir que otras personas usen esta conexión.

5. Haga clic en el botón **Conectar**.

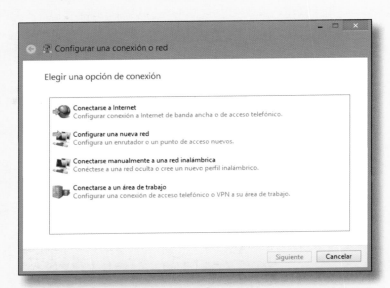

Figura 1.7. El Asistente de Windows facilita la configuración de la red.

6. Cuando la conexión esté lista, podrá ver el icono correspondiente en la parte derecha de la barra de tareas de Windows, en el Escritorio.

- Si tiene conexión por cable.
- Si tiene conexión inalámbrica.

Si hace clic con el botón derecho del ratón en el icono de la conexión, aparecerá un menú en el que podrá elegir la opción Abrir el Centro de redes y recursos compartidos. En este cuadro podrá ver la configuración básica de su conexión y la información de la misma.

EL MOSAICO INTERNET EXPLORER

Para navegar por Internet es imprescindible disponer de un programa cliente, es decir, un programa capaz de solicitar información de los servidores. Los servidores son ordenadores que contienen y sirven información y se accede a ellos a través de Internet. Este programa cliente se llama navegador o explorador. Windows tiene su propio explorador, Internet Explorer, pero le dará la opción de instalar más de uno.

PRÁCTICA:

Pruebe a poner en marcha Internet Explorer haciendo clic en el mosaico Internet Explorer.

La ventana de Internet Explorer

Vea la ventana de Internet Explorer que aparece en la figura 1.8.

Figura 1.8. La ventana de Internet Explorer.

La parte inferior de la pantalla muestra la barra de direcciones de Internet Explorer, donde se escribe la dirección de la página que se desea visitar. A la derecha de la barra de direcciones, puede ver varios iconos (si no ve los iconos, haga clic con el botón derecho del ratón en la parte inferior de la pantalla para hacerlos visibles):

- **Actualizar**. Haga clic en este botón para volver a cargar la página, cuando el navegador tarde mucho tiempo en acceder a ella.

- **Anclar sitio**. Este botón le ofrece un menú con dos opciones:

    - Agregar a Inicio. Crea un mosaico con la página Web visitada.

    - Agregar a Favoritos. Incluye la página visitada en la carpeta Favoritos. La veremos próximamente.

- **Herramientas de página**. Este botón despliega un menú que permite buscar un texto en la página visitada o visualizarla en el Escritorio de Windows.

Las flechas a izquierda y a derecha que flanquean la barra de direcciones le permiten acceder a la página Web anterior y a la siguiente. Estarán activas cuando haya visitado más de una página.

Truco: Si no aparecen los iconos al poner en marcha Internet Explorer, haga clic con el botón derecho del ratón en la parte inferior de la ventana. Con ese mismo método podrá ocultarlos. Si, en lugar de hacer clic con el botón derecho lo hace con el botón izquierdo, aparecerán las miniaturas de las páginas Web que haya visitado más recientemente. Con un clic podrá acceder a la que desee.

En la parte superior de la ventana hay dos botones:

- **Nueva pestaña**. Haga clic para abrir una nueva página en Internet Explorer. Podrá escribir una dirección en la barra de direcciones y mantener abiertas varias páginas Web, abriendo nuevas pestañas.

- **Herramientas de pestaña.** Contiene la opción para cerrar la pestaña.

Internet Explorer en el Escritorio

Libros: Encontrará toda la información necesaria para trabajar con Windows 8 en el libro *Windows 8* de esta misma colección.

Si ya conoce el comportamiento de los mosaicos de Windows 8, habrá podido comprobar que Internet Explorer funciona como un mosaico más. Sin embargo, también es posible llevarlo al Escritorio de Windows y utilizar todas las funciones habituales de este programa.

PRÁCTICA:

Lleve a Internet Explorer al Escritorio de Windows 8:

1. Ponga en marcha Internet Explorer haciendo clic en su mosaico.

2. Si no aparecen los iconos, haga clic con el botón derecho del ratón en la parte inferior de la ventana.

3. Haga clic en el icono **Herramientas de página** y luego haga clic en la opción Ver en el Escritorio.

4. Una vez en el Escritorio, haga clic con el botón derecho del ratón en el icono **Internet Explorer** que aparece en la barra de tareas de Windows y seleccione la opción Anclar este programa a la barra de tareas.

5. En adelante, podrá poner en marcha Internet Explorer haciendo clic en el icono de la barra de tareas.

Figura 1.9. El menú contextual permite anclar un programa a la barra de tareas.

La barra de herramientas y los botones de navegación

La ventana que muestra Internet Explorer cuando se inicia desde el Escritorio tiene opciones que no se encuentran cuando se inicia desde el mosaico.

* Ahora puede ver la barra de tareas de Windows con los iconos del Explorador de archivos y de Internet Explorer a la izquierda, más los iconos de mensajes, conexión, volumen y reloj a la derecha.

* La barra de direcciones aparece ahora en la parte superior de la ventana, en lugar de en la parte inferior donde la vimos anteriormente.

Figura 1.10. La ventana de Internet Explorer en el Escritorio.

En la parte superior de la ventana, a la derecha de la barra de direcciones, puede ver tres botones:

- **Página principal**. Permite establecer la primera página Web que aparecerá al iniciar Internet Explorer.

- **Ver los favoritos, las fuentes, el historial**. Permite gestionar la carpeta Favoritos.

- **Herramientas**. Permite configurar Internet Explorer.

PRÁCTICA:

Abra y cierre Internet Explorer:

1. Si ya ha llevado Internet Explorer al Escritorio, haga clic en el mosaico Escritorio.

2. Haga clic en el icono **Internet Explorer** en la barra de tareas de Windows.

3. Para cerrar el programa, haga clic en el botón **Cerrar** que es de color rojo y tiene un aspa. Está situado en la esquina superior derecha de la ventana de Internet Explorer, al igual que en todas las ventanas de Windows.

Nota: Si pone en marcha Internet Explorer desde su mosaico, no podrá cerrarlo. Para salir, pulse la tecla **Windows** y regresará a la pantalla Inicio. La próxima vez que acceda a Internet Explorer desde su mosaico, presentará la misma página que contenía cuando salió del programa.

Las pestañas

A continuación de la barra de direcciones de Internet Explorer puede ver también los botones **Cerrar pestaña**, que tiene un aspa en su interior y **Nueva pestaña**, que tiene una miniatura de una página en blanco. Con ellos podrá respectivamente cerrar la pestaña activa y abrir otra nueva o tantas como desee, para cargar en ellas varias páginas Web y mantenerlas abiertas a un mismo tiempo.

PRÁCTICA:

Pruebe los botones **Nueva pestaña** y **Cerrar pestaña**:

1. Haga clic en el botón **Internet Explorer** del Escritorio.

2. Haga clic en el botón **Nueva pestaña**. Observe que al aproximar el ratón aparece la miniatura de la nueva página.

3. Escriba lo siguiente en la barra de direcciones de Internet Explorer: http://www.anayamultimedia.es y pulse la tecla **Intro**.

4. Haga clic en la pestaña anterior para volver a la página en que se encontraba al inicio.

5. Haga clic en el botón Cerrar pestaña. Observe que al aproximar el ratón, la pequeña aspa cambia a color rojo. Al cerrar esta pestaña, quedara abierta la que creó anteriormente. Si la cierra, cerrará Internet Explorer.

Los botones Atrás y Adelante

A la izquierda de la barra de direcciones, puede ver dos botones con sendas flechas que apuntan a la izquierda y a la derecha. Son, respectivamente, los botones **Atrás** y **Adelante**, que permiten regresar a una página anteriormente visitada o volver después de haber dado marcha atrás.

PRÁCTICA:

Pruebe los botones **Atrás** y **Adelante**:

1. Haga clic en el botón **Internet Explorer** del Escritorio.

2. Escriba en la barra de direcciones lo siguiente: http://www.anayamultimedia.es y pulse la tecla **Intro**.

3. Haga clic en Informática para mayores.

4. Haga clic en el botón **Atrás** para regresar a la página principal de Anaya Multimedia.

5. Haga clic en el botón **Adelante** para volver a la página de Informática para mayores. Observe que este botón solamente se activa cuando se ha visitado previamente una página y se ha dado marcha atrás.

Los menús de Internet Explorer

Internet Explorer en el Escritorio ofrece un menú de opciones que se abre al hacer clic en el botón **Herramientas**. Este menú permite configurar el nivel de seguridad en Internet, así como guardar e imprimir páginas e imágenes, elegir la página principal y otras opciones que veremos a lo largo del libro.

También se puede obtener un menú contextual haciendo clic con el botón derecho del ratón en cualquier lugar de la ventana.

Truco: Para visualizar u ocultar las barras de herramientas de Internet Explorer, haga clic con el botón derecho del ratón en la parte superior derecha de la ventana, junto a los botones de herramientas, y seleccione en el menú la barra de herramientas que desee ver u ocultar. Pruebe, por ejemplo, a mostrar la Barra de comandos o la Barra de favoritos.

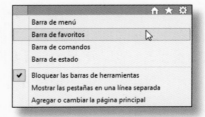

Figura 1.11. El menú para ver u ocultar barras de herramientas.

2

La seguridad en Internet

Internet es un reflejo del mundo actual. En ella podemos encontrar prácticamente todo lo que encontramos en la vida real, tanto lo positivo como lo negativo. Por eso, antes de iniciar la navegación por Internet, conviene conocer y prevenir sus aspectos negativos.

PÁGINAS OBSOLETAS

Algunas páginas Web se han creado hace algún tiempo y se han dejado de mantener o utilizar. Eso significa que no son válidas, pero nadie se ha ocupado de retirarlas. Son páginas muertas cuyo contenido no tiene validez. Por eso, es importante observar la fecha de actualización de las páginas Web para comprobar que la información es útil, sobre todo si se trata de una oferta o una noticia de interés.

Medical Press | 14/06/2012

FIABILIDAD

En Internet, cualquiera puede publicar cualquier información sin que haya más límite que la legislación. Por eso, es importante comprobar quién firma un documento cuya información pueda resultar importante y qué titulación o créditos tiene para ello. Si se trata de datos que traten de salud, ya sea física o mental, de descubrimientos o inventos, de ciencia, de historia, etc., conviene verificar quién ha redactado el escrito y qué institución o titulación le avala. Por ejemplo, en la figura 2.1 puede ver que el nombre de cada autor de una obra o artículo va seguido de la universidad que respalda su trabajo. Observe que también aparece un enlace ¿Quiénes somos? en la parte superior de la ventana.

Si tiene dudas sobre la autoría de una página Web, observe el contenido de la zona inferior de la página y haga clic en el enlace denominado Sobre nosotros, Quienes somos o similar.

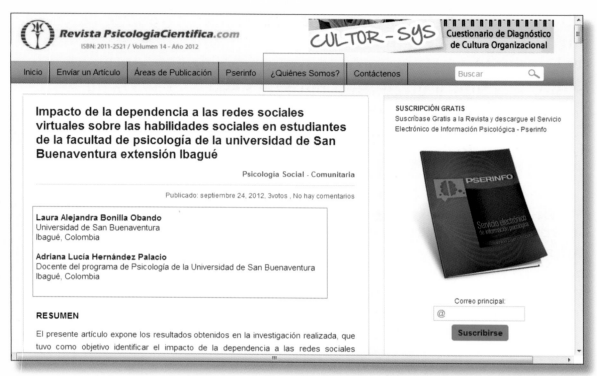

Figura 2.1. Esta página exhibe información
sobre autores y respaldo institucional.

Figura 2.2. Al final de la página, el enlace Sobre nosotros ofrece
información sobre el autor o propietario de la página.

ESTAFAS

En Internet, como en el mundo real, se producen timos y estafas que es necesario conocer para poderlos evitar. Uno de los métodos de fraude más extendidos es el llamado *phising* (suplantación de identidad), que consiste en simular la página de un banco o caja de ahorros y solicitar a los usuarios de

Internet su número secreto o contraseña. Una vez conocen este dato, los timadores extraen todo el dinero de la cuenta bancaria de la víctima.

Observe la figura 2.3. Es un mensaje enviado por correo electrónico que aparenta proceder del Banco de Santander. Solicita del usuario hacer clic en un enlace para "comprobar sus datos bancarios".

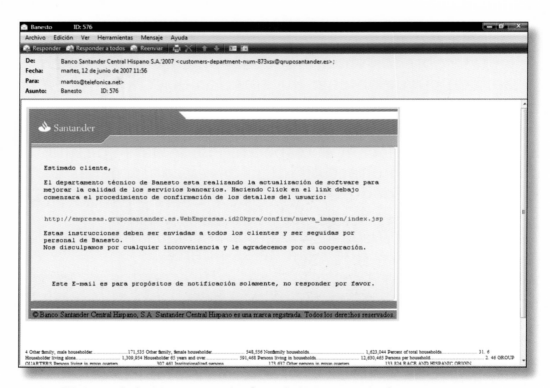

Figura 2.3. Un mensaje fraudulento enviado por correo electrónico que simula ser el Banco de Santander para obtener datos confidenciales del usuario.

Como ejemplo de actividad fraudulenta de algunas páginas de Internet, la revista médica *MedicalPress* denunció en su edición del 14 de junio de 2012 la "explosión global de medicamentos falsos" a que ha conducido el comercio en Internet. Encontrará esta revista en castellano en la dirección http://www.medicalpress.es.

Protéjase frente a fraudes y estafas

Navegar con seguridad supone conocer los peligros y protegerse frente a ellos. Además de tener siempre instalados programas de protección para su equipo, como antivirus y antiespías, es conveniente asesorarse en sitios Web que ofrecen información verídica al ciudadano sobre sus derechos, sobre las amenazas de la Red y sobre los medios de protección.

La Ley de Servicios de la Sociedad de la Información, de 2008, obliga a los proveedores de servicios de Internet a informar a sus clientes sobre los virus, fraudes y amenazas de la Red. Pero también puede obtener información directamente en Internet.

Por ejemplo, la revista gratuita *Consumer*, de Eroski, facilita todo tipo de información al respecto. Puede darse de alta gratuitamente en la dirección http://www.consumer.es para recibir con regularidad esta revista en su buzón de correo electrónico y estar al día de todo lo relativo a Internet y a las tecnologías de la información. También encontrará otros canales a los que suscribirse, que sean de su interés.

El Instituto Nacional de Tecnologías de la Información (INTECO) ofrece información y asesoría acerca de las amenazas de Internet y de la forma de protegerse.

PRÁCTICA:

Obtenga información sobre la seguridad en Internet en las páginas del INTECO:

1. Ponga en marcha Internet Explorer.
2. Escriba http://www.inteco.es en la barra de direcciones y pulse **Intro**.

3. En la página principal de INTECO, haga clic en el enlace Seguridad. Lo encontrará en la barra de enlaces situada en la parte superior de la página (puede verlo en la figura 2.4).

4. Haga clic en los apartados que le interesen, por ejemplo, Oficina de Seguridad del Internauta o Menores OSI. En la parte inferior de la página encontrará enlaces para obtener información sobre los virus y la posibilidad de recibir en su buzón de correo electrónico el boletín informativo.

Figura 2.4. El INTECO ofrece todo tipo de información y asesoría para navegar por Internet con seguridad y privacidad.

Advertencia: Las redes Wi-Fi son seguras si se utiliza una clave de acceso. Si usted usa un router con conexión inalámbrica en su casa, es indispensable que cuente con una contraseña y un nombre de usuario. Ambos le serán facilitados por su proveedor de servicios de Internet. No acepte redes abiertas en su domicilio, porque cualquier persona malintencionada puede conectarse a ella y acceder a sus datos personales, incluso a sus claves bancarias.

LOS VIRUS Y LOS ESPÍAS

Los virus informáticos son programas malignos que se introducen en el ordenador y causan desastres que van desde lentificar el funcionamiento hasta destruir los archivos y programas. Estos virus se deslizan dentro del ordenador al visitar determinadas páginas Web, mediante el correo electrónico, al descargar programas o imágenes o por otros medios.

Una de las formas de virus más comunes en Internet son los espías. Se trata de programas que se instalan en el ordenador sin que el usuario se aperciba y que después le envían publicidad y ofertas no deseadas, como juegos en línea, premios de concursos, etc. Además, los espías lentifican el funcionamiento del ordenador.

Para eliminar estos programas, es necesario instalar un antiespías. Generalmente, los antivirus que se adquieren en tiendas de informática suelen llevar incorporada una función antiespías.

Figura 2.5. El programa espía presenta páginas
no solicitadas con juegos o publicidad.

WINDOWS DEFENDER PROTEGE SU EQUIPO

Windows 8 trae incorporado un antivirus y todas las
herramientas necesarias para proteger su equipo. Por tanto, si
tiene Windows 8 no es necesario que adquiera otro antivirus.

PRÁCTICA:

Para acceder al Centro de Actividades de Windows, hay
que hacer lo siguiente:

1. Haga clic en el icono **Centro de actividades** que tiene forma de banderín y está situado a la derecha de la barra de tareas.

2. Haga clic en Abrir Centro de actividades y, en el cuadro Centro de actividades, haga clic en Seguridad.

3. Observe que todas las herramientas de seguridad están activadas. Si alguna está desactivada, haga clic sobre ella para activarla.

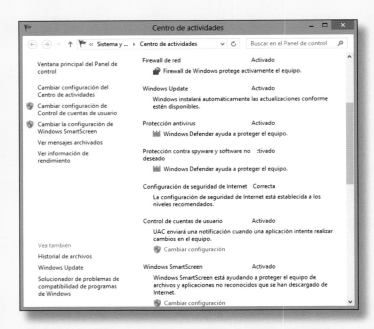

Figura 2.6. Su equipo está protegido con Windows 8.

Los virus y otras amenazas se modifican constantemente, por lo que es imprescindible mantener al día la protección del ordenador. Windows Defender se actualiza automáticamente con los antivirus y antiespías más recientes de Microsoft. Pero, si usted apaga su ordenador durante un período de tiempo, cuando lo encienda de nuevo y se conecte a Internet, es posible que Windows Defender le pida que haga clic en el botón **Actualizar** para actualizar sus recursos de protección.

En ese caso, el cuadro de diálogo indicará "Estado del equipo: potencialmente sin protección". Una vez que finalice la descarga y actualización, el cuadro indicará "Equipo protegido".

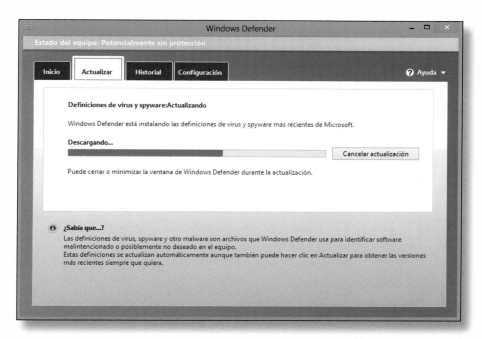

Figura 2.7. Actualización de Windows Defender.

 **Advertencia:** Si tiene dos antivirus instalados, lo más seguro es que entren en conflicto y lentifiquen o incluso bloqueen el funcionamiento de su ordenador. En tal caso, desinstale uno de ellos abriendo el Panel de Control, seleccionando el programa y haciendo clic en Desinstalar.

Si tiene un antivirus de su confianza con protección antiespías y desea mantenerlo, es recomendable que desactive Windows Defender para evitar el conflicto. Entre en el Centro de actividades y desactive Protección antivirus y Protección contra spyware. Mantenga activados el cortafuegos (Firewall de red) y las actualizaciones de Windows (Windows Update). Windows SmartScreen es una protección para Internet Explorer que impide que se instalen programas de forma inadvertida. Puede también mantenerlo instalado.

Figura 2.8. Desinstale el programa utilizando el Panel de control.

CONFIGURE INTERNET EXPLORER PARA NAVEGAR CON SEGURIDAD Y CON PRIVACIDAD

Internet Explorer, como todos los navegadores de Internet, tiene opciones para configurarlo de manera que se pueda explorar la Red de forma segura y privada.

Las ventanas emergentes

Las ventanas emergentes, conocidas como *popups* en la jerga informática, son anuncios o mensajes que surgen en la pantalla cuando visitamos algunas páginas Web. No son peligrosas en principio, pero sí molestas y hacen perder tiempo porque obstaculizan la vista y hay que cerrarlas una a una haciendo clic en el botón en forma de aspa. Otras se cierran de manera espontánea al cabo de unos segundos.

Para evitarlas, Internet Explorer cuenta con un dispositivo llamado Bloqueador de elementos emergentes, que impide la aparición de *popups*. Sin embargo, en ocasiones, es necesario utilizar una de estas ventanas. Por ejemplo, para acceder a los datos de la cuenta bancaria o para suscribirse a una revista electrónica, a veces es preciso mantener abierta una de estas ventanas. Cuando eso sucede, Internet Explorer muestra una banda en la parte superior de la ventana, debajo de las barras de herramientas que indica que ha bloqueado los elementos emergentes, pero que es posible activarlos temporalmente o, para esa página Web en concreto, permitirlos siempre.

En tal caso, hay que hacer clic en la banda informativa y después en la opción Permitir elementos emergentes.

Figura 2.9. Las ventanas emergentes se cierran haciendo clic en el botón en forma de aspa.

PRÁCTICA:

Aprenda a configurar Internet Explorer para su seguridad:

1. Ponga en marcha Internet Explorer en el Escritorio de Windows.

2. Haga clic en el botón **Herramientas**. ⚙

3. Cuando se despliegue el menú, haga clic en Opciones de Internet.

4. En el cuadro de diálogo Opciones de Internet, haga clic en la pestaña Seguridad.

5. Compruebe que el nivel de seguridad para la zona Internet es Medio-alto. Si lo desea puede hacer clic en el deslizador y moverlo hacia arriba o hacia abajo para probar otros niveles de protección.

Figura 2.10. La protección de Internet Explorer.

6. Haga clic en la pestaña Privacidad.

7. Compruebe que está activada la protección Media y que la casilla Activar el bloqueador de elementos emergentes está señalada.

8. Si visita con frecuencia una página donde la información aparezca en una ventana emergente, por ejemplo, su Banco haga clic en la opción Configuración.

9. En la casilla Dirección del sitio web que desea permitir, escriba la dirección de la página Web para la que desea permitir siempre las ventanas emergentes, por ejemplo, http://mibanco.com.

10. Haga clic en **Aceptar**.

Figura 2.11. Controle su privacidad en Internet Explorer.

Las cookies

Las *cookies* son pequeños archivos de texto que los sitios Web que visitamos envían a nuestro equipo, de manera que puedan reconocernos cuando los visitemos de nuevo. De esa forma, si usted se da de alta en un sitio Web, por ejemplo, una tienda o una biblioteca, el servidor le reconocerá y le dará la bienvenida cuando acceda de nuevo. Podrá comprobarlo además porque, la primera vez que haga clic en un vínculo, lo verá de color azul, pero la siguiente vez el vínculo tendrá color rojo.

Las *cookies* son inocuas. La información contenida en una *cookie* son los datos que damos cuando nos suscribimos a una página o cuando recorremos los vínculos de un sitio comercial, pero esa información solamente puede leerla el ordenador de ese sitio Web. Es como un secreto entre Internet Explorer y el servidor del sitio visitado.

Advertencia: La protección de privacidad en Internet Explorer puede bloquear la entrada de *cookies*. Algunos servidores requieren el desbloqueo de *cookies*, por ejemplo, cuando se efectúan compras en una tienda en línea o bien cuando se rellena un formulario de registro en alguna página interesante. En tal caso, aparecerá una advertencia de la tienda o sitio Web solicitando que desbloquee el acceso de *cookies*. Puede reducir el nivel de privacidad desplazando hacia abajo el deslizador de la pestaña Privacidad de Internet Explorer y, una vez finalizado el trámite, volverlo al nivel que desee.

Los robots de rastreo

Existen en Internet programas dedicados a seguir la huella de los internautas para averiguar qué páginas visitan, en qué enlaces hacen clic con más frecuencia y cómo son sus búsquedas. De esta forma, esos programas, llamados robots de rastreo, averiguan los gustos y tendencias de los usuarios y los ponen a disposición de empresas de marketing que, a su vez, emplean esa información para ofrecer artículos o servicios relacionados con lo que suponen son los intereses del usuario. Internet Explorer tiene una opción que impide el seguimiento de sus pasos por la Red. Puede activarla de la forma que sigue:

PRÁCTICA:

Habilite la protección de rastreo:

1. En la ventana de Internet Explorer, haga clic en el botón **Herramientas**.

2. En el menú que se despliega, haga clic en Seguridad y después en Protección de rastreo.

3. En el cuadro de diálogo siguiente, haga clic en Protección de rastreo. Si indica Habilitado, como muestra la figura 2.12, su navegador ya está protegido. De lo contrario, haga clic en Deshabilitado y después en el botón **Habilitar** que aparece en la parte inferior derecha del cuadro.

4. Haga clic en **Cerrar**.

Figura 2.12. Protéjase contra los robots de rastreo.

3

LA NAVEGACIÓN EN INTERNET

Internet es una red formada por numerosas redes que conectan entre sí ordenadores de todo el mundo. La World Wide Web (WWW), que se podría traducir como Telaraña mundial, es un tejido electrónico que enlaza millones de páginas instaladas en ordenadores de todo el mundo a las que se accede a través de Internet. Internet podría considerarse, por tanto, el soporte físico, y la WWW, el conjunto de programas que lo anima.

SITIOS, DOMINIOS Y PÁGINAS WEB

Un sitio Web es un conjunto de páginas Web enlazadas entre sí que tratan de un tema común o que corresponden a una misma persona o empresa, por ejemplo, RENFE. Los sitios Web están alojados en ordenadores llamados servidores, porque sirven información a los ordenadores que la solicitan, que, a su vez, se llaman clientes.

Un dominio es el nombre que se aplica a un ordenador o grupo de ordenadores para identificarlos. Por ejemplo, renfe es el nombre del dominio de la dirección http.//www.renfe.es.

PRÁCTICA:

Conéctese al sitio Web de RENFE:

1. Ponga en marcha el navegador haciendo clic en el mosaico Escritorio y después en el botón **Internet Explorer** de la barra de tareas.

2. Haga clic en la barra de direcciones y escriba la dirección del sitio Web de RENFE: http://www.renfe.es y pulse la tecla **Intro** del teclado.

3. El sitio Web de RENFE se compone de varias páginas Web enlazadas entre sí. La primera que aparece es la página principal. Pruebe a conectar con otra de las

páginas del mismo sitio Web, haciendo clic en un enlace, por ejemplo, Horarios y precios, que está marcado en la figura 3.1 y muestra un reloj.

Figura 3.1. El sitio Web de RENFE.

Una página Web es una página lógica que contiene textos, imágenes, animación, etc. y que dispone de enlaces o vínculos para conectar con otras páginas del mismo o de otros sitios Web. En la práctica anterior, nos hemos conectado al sitio Web de RENFE y, dentro de él, a la página donde se pueden consultar horarios, trayectos y tarifas.

Observe la figura 3.2. Hay dos enlaces que abren sendas listas desplegables para seleccionar la estación de origen y la de destino.

Figura 3.2. Esta página de RENFE permite localizar horarios y trayectos entre estaciones específicas.

Los vínculos

Los vínculos, llamados también hipervínculos o enlaces, son zonas de la página Web que están conectadas con otras zonas de la misma página o con zonas de otras páginas Web en el mismo o en otro ordenador. Cuando un texto o una imagen contienen un vínculo, el puntero del ratón se convierte en una mano para indicar que se puede hacer clic.

Por ello, antes de hacer clic en una zona de la página Web, compruebe que, al aproximarlo, el puntero del ratón se convierte en una mano.

Las direcciones de Internet

Las direcciones de Internet, llamadas URL (que quiere decir Localizador uniforme de recursos), se componen de varias partes:

- El nombre del protocolo que hay que utilizar para acceder a esa dirección. Un protocolo es como un lenguaje con el que los ordenadores se entienden entre sí. Para que su ordenador, que es cliente, pueda solicitar información del ordenador (servidor) de RENFE, es imprescindible que utilice el mismo idioma, es decir, el mismo protocolo. La mayoría de los ordenadores de Internet emplean un protocolo llamado http. El servidor de RENFE se encuentra en la World Wide Web (WWW) y utiliza el protocolo de comunicación http. Por eso, para poder conectarse a él y pedirle información, la primera parte de la dirección que usted deberá escribir en la barra de direcciones de Internet Explorer ha de ser: www.http://

- El nombre del dominio particular, en este caso, renfe. Ya tenemos www.http://renfe. Observe que prácticamente todo se escribe con minúsculas en Internet. Las mayúsculas se utilizan en muy pocos casos.

- El nombre del dominio general. Es la terminación que sigue al punto. Por ejemplo, en la dirección de RENFE, detrás del punto pone es, que significa España. Otros dominios generales son .com, que significa comercial, .edu, que significa educación, .org, que significa organización sin ánimo de lucro, .fr, que significa Francia, etc. Ya tenemos www.http://renfe.es.

- Esa dirección da acceso a la página principal de RENFE, pero también se puede acceder directamente a una página secundaria. Por ejemplo, la página de horarios de RENFE tiene la dirección siguiente: http://www.renfe.es/horarios. Aquí, horarios indica la situación de la página Web dentro del dominio.

PRÁCTICA:

Busque un itinerario de tren:

1. Escriba en la barra de direcciones de Internet Explorer http://www.renfe.es/horarios y pulse la tecla **Intro**.

2. Haga clic en el enlace de la izquierda, Estaciones de origen y localice la estación de salida.

3. Haga clic en el enlace de la derecha, Estaciones de destino y localice la estación final.

4. Observe la figura 3.3. El sitio Web de Renfe muestra ahora una tercera página en la que lista los trenes disponibles para viajar entre los dos puntos solicitados.

5. Haga clic en uno de los trenes para ver el itinerario que recorre.

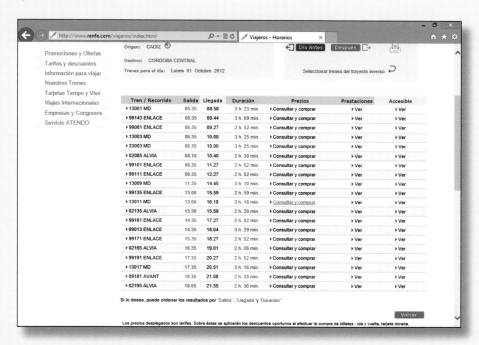

Figura 3.3. Esta página de RENFE muestra los trenes para el recorrido solicitado.

Las barras de desplazamiento

Internet Explorer muestra barras de desplazamiento verticales u horizontales cuando la página Web visitada no cabe completa en la ventana. La figura 3.4 muestra una página de RENFE que no cabe en la ventana del navegador, porque hemos reducido su tamaño haciendo clic en el botón **Restaurar**, que es el botón central de los tres que la ventana muestra en la esquina superior derecha.

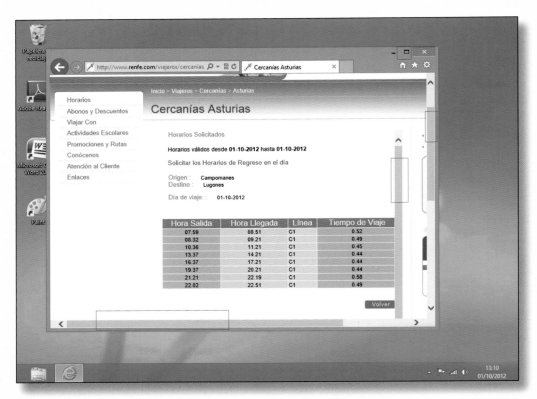

Figura 3.4. Esta página de RENFE no cabe en la ventana y muestra barras de desplazamiento.

Las barras de desplazamiento permiten acceder a la parte no visible de la página Web, haciendo clic en la barra y arrastrando hacia arriba, abajo, derecha o izquierda. Observe que la figura 3.4 muestra dos barras de desplazamiento verticales.

La exterior, situada al extremo derecho, pertenece a la página principal de RENFE Cercanías. La interior corresponde al marco que contiene los horarios de los trenes de cercanías entre dos puntos.

Visite una Web a página completa

La mejor manera para visualizar la mayor cantidad posible de información de una página Web es abrirla en formato Página completa. Para ello, solamente tiene que pulsar la tecla **F11** del teclado del ordenador. Desaparecen la barra de direcciones, las herramientas y los botones para dar más espacio al contenido. Para volver a la vista normal, solamente hay que pulsar de nuevo la tecla **F11**.

Figura 3.5. La vista Página completa muestra mayor parte del contenido.

El zoom

El zoom de Internet Explorer está ajustado al cien por cien, pero a veces hay que ampliar o reducir la proporción. Por ejemplo, si no puede ver bien el texto de una página Web puede aumentar su tamaño.

PRÁCTICA:

Aplique el zoom al recorrido de un tren:

1. En la página de Horarios y Precios de RENFE, haga clic en uno de los trenes para ver el recorrido.

2. Si quiere aumentar el tamaño del texto, haga clic en el botón **Herramientas** de Internet Explorer y elija Zoom en el menú.

3. Haga clic en el nivel de zoom que desee, como **150%**

4. Observe la diferencia de tamaño en la figura 3.6.

Figura 3.6. El itinerario del tren antes y después de aplicar el Zoom.

Ir de un sitio Web a otro

Para pasar de un sitio Web a otro, puede optar por:

- Escribir en la barra de direcciones de Internet Explorer la dirección del sitio al que quiere acceder y pulsar **Intro**.

- Si ya ha visitado un sitio Web y quiere volver al anterior, utilice los botones **Atrás** y **Adelante**.

- Si ha visitado varios sitios Web y quiere volver a uno de ellos, acerque el ratón a la esquina superior izquierda de la pantalla para ver las miniaturas de los sitios visitados y haga clic en la que desee.

Figura 3.7. Internet Explorer muestra miniaturas de las páginas Web visitadas.

PERSONALICE INTERNET EXPLORER

Los menús de Internet Explorer permiten personalizar el navegador para cada usuario.

Elija la página principal

Cuando Internet Explorer se pone en marcha presenta siempre una misma página. Es la página principal predeterminada, el portal MSN de Microsoft. La página principal incluye un buscador determinado, en este caso, Bing. Si usted ha utilizado Google anteriormente y prefiere que sea éste el buscador que inicie su trabajo con Internet Explorer, puede poner la página de Google como página principal. Puede tener varias páginas principales o una sola. Si elige una sola página principal, será esa la que Internet Explorer muestre cuando lo ponga en marcha. Si elige dos o más páginas principales, Internet Explorer las mostrará en diferentes pestañas.

Truco: Si se "pierde" navegando por la Red, haga clic en el botón **Página principal**. Una vez en ella, le será más fácil desplazarse a otro sitio Web.

Página principal (Alt+Inicio)

PRÁCTICA:

Añada a Google como su página principal:

1. Ponga en marcha Internet Explorer en el Escritorio de Windows.

2. Escriba en la barra de direcciones la dirección de Google: http://www.google.es y pulse la tecla **Intro**.

3. Haga clic con el botón derecho del ratón en el icono de la barra de herramientas que tiene la forma de una pequeña casa.

4. Seleccione la opción Agregar o cambiar la página principal.

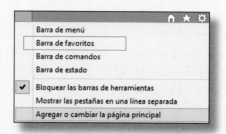

Figura 3.8. El menú de la página principal.

5. En el cuadro de diálogo que aparece, elija una opción:

- Usar esta página web como la única página principal. Cuando ponga en marcha Internet Explorer, será la página de Google la que aparezca en lugar de MSN.

- Agregar esta página web a las pestañas de la página principal. Cuando ponga en marcha Internet Explorer, presentará dos pestañas, una para cada página principal. Tendrá que hacer clic en la pestaña de la página que quiera utilizar en ese momento.

Internet Explorer utiliza el buscador Bing de forma predeterminada. También puede ponerlo como página principal y así podrá elegir MSN, Bing o Google cuando inicie Internet Explorer. Para acceder a Bing, solamente tiene que hacer clic en Bing dentro de la casilla de búsquedas de MSN, sin escribir nada dentro. También lo encontrará en la dirección http://www.bing.com.

La ventana de Bing tiene también un botón **Preferencias**, con forma de tuerca, que permite configurar algunos aspectos de las búsquedas, como el idioma predeterminado o la seguridad en la exploración.

Figura 3.9. Bing también puede ser su página principal.

Gestione la página principal

Para eliminar una página principal o añadir más páginas principales a Internet Explorer, hay que hacer lo siguiente:

PRÁCTICA:

Cambie la página principal:

1. Haga clic en el botón **Herramientas** de la barra de Internet Explorer, que tiene forma de tuerca y seleccione Opciones de Internet en el menú.

2. En la ficha General del cuadro de diálogo Opciones de Internet podrá ver la página o páginas que Internet Explorer entiende como página principal.

- Si quiere eliminar una, haga clic sobre ella y luego pulse la tecla **Supr** del teclado del ordenador.

- Si quiere agregar una, puede escribir aquí la dirección en lugar de emplear el método anterior.

Figura 3.10. El cuadro Opciones de Internet permite gestionar la página principal.

CONVIERTA UNA PÁGINA WEB EN UN MOSAICO

Si visita con frecuencia una página determinada, puede convertirla en un mosaico. De esa forma, solamente tendrá que hacer clic en el mosaico para poner en marcha Internet Explorer y acceder a la página deseada.

PRÁCTICA:

Convierta en un mosaico la página de los viajes del Imserso:

1. Ponga en marcha Internet Explorer y escriba la dirección siguiente: http://www.mundosenior.es.

2. Haga clic en el botón **Herramientas**, que tiene forma de tuerca y seleccione Agregar sitio a la pantalla Inicio en el menú.

3. En el cuadro de diálogo Agregar sitio a la pantalla Inicio, haga clic en el botón **Agregar**.

4. Pulse la tecla **Windows** del teclado del ordenador para ir a la pantalla Inicio.

5. Haga clic en la barra de desplazamiento horizontal para ir al extremo derecho de la ventana. Verá un nuevo mosaico en el que hacer clic cuando quiera ir a la página de los viajes del Imserso.

AGREGUE LA PÁGINA A FAVORITOS

Internet Explorer dispone de una carpeta llamada Favoritos, en la que puede guardar las páginas Web que visite con más frecuencia o que desee tener siempre a mano.

PRÁCTICA:

Agregue a Favoritos la página de los viajes del Imserso:

1. Ponga en marcha Internet Explorer y escriba la dirección: http://www.mundosenior.es.

2. Haga clic en el enlace Viajes IMSERSO.

3. Haga clic en el botón de la barra de herramientas Ver los favoritos, las fuentes y el historial, que tiene forma de estrella.

4. Haga clic en la opción Agregar a Favoritos, situada en la parte superior de la carpeta Favoritos.

5. En el cuadro de diálogo Agregar un Favorito, haga clic en el botón **Agregar**.

Figura 3.11. El botón en forma de estrella y la opción Agregar a Favoritos.

A partir de ese momento, cuando quiera acceder a la página de los viajes del Imserso, solamente tendrá que hacer clic en el botón con forma de estrella y seleccionar la página deseada en la carpeta Favoritos.

PRÁCTICA:

Organice sus páginas favoritas:

1. Haga clic en el botón Ver los favoritos, las fuentes y el historial, que tiene forma de estrella.

2. Haga clic en la flecha abajo situada junto a la opción Agregar a Favoritos.

Figura 3.12. El menú para organizar los Favoritos.

3. Haga clic en Organizar Favoritos.

4. En la ventana Organizar Favoritos, haga clic en el botón **Nueva carpeta**.

5. Escriba un nombre, por ejemplo, Viajes y pulse **Intro**.

6. Haga clic en la página guardada anteriormente y arrástrela a la carpeta Viajes.

Figura 3.13. La ventana Organizar Favoritos.

7. Utilice los botones **Eliminar** y **Cambiar nombre** cuando necesite borrar o cambiar el nombre de las carpetas y páginas favoritas.

8. Haga clic en **Cerrar** para cerrar la ventana Organizar Favoritos.

Puede crear tantas carpetas como precise. Cuando agregue otra página a Favoritos, podrá seleccionar la carpeta en la que guardarla. El cuadro de diálogo Agregar un Favorito, permite elegir la carpeta de destino haciendo clic en la flecha abajo de la opción Agregar en.

Figura 3.14. El cuadro Agregar un Favorito
permite elegir la carpeta de destino.

Truco: Si visita una página con mucha frecuencia, puede colocarla en la Barra de favoritos de Internet Explorer. Active la barra haciendo clic con el botón derecho en la parte superior derecha de la ventana de Internet Explorer y después seleccionando Barra de favoritos (véase la figura 3.8). Guarde la página Web en la carpeta Favoritos seleccionando Agregar a la Barra de favoritos en el menú (véase la figura 3.12).

GUARDE E IMPRIMA SUS PÁGINAS WEB

Puede guardar una página Web en el disco duro de su ordenador, para abrirla después haciendo doble clic sobre ella, como cualquier otro archivo.

PRÁCTICA:

Guarde e imprima una página Web:

1. Escriba en la barra de direcciones de Internet Explorer la dirección de una página Web que le interese, por ejemplo, http://www.viajes-blog.com/la-barcelona-de-gaudi y pulse **Intro**.

2. Haga clic en el botón **Herramientas** y seleccione en el menú Archivo y después Guardar como.

3. El cuadro de diálogo Guardar página web le propondrá guardarla como página completa, en la carpeta Mis documentos. Puede seleccionar una carpeta de destino distinta si lo desea. Haga clic en **Guardar**.

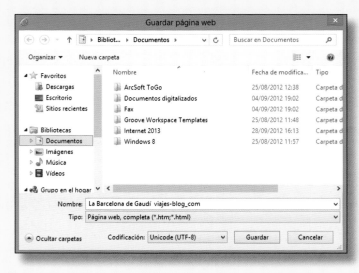

Figura 3.15. Guarde una página Web para verla luego en su ordenador.

4. Haga de nuevo clic en el botón **Herramientas** y seleccione en el menú Imprimir>Vista previa de impresión.

- Si el resultado es correcto, haga clic en el botón **Imprimir** que muestra el icono de una impresora.

- Si no lo es, haga clic primero en el botón **Configurar página**, que tiene forma de tuerca. También puede utilizar los botones **Vertical** y **Horizontal** para elegir e modo de imprimir la página.

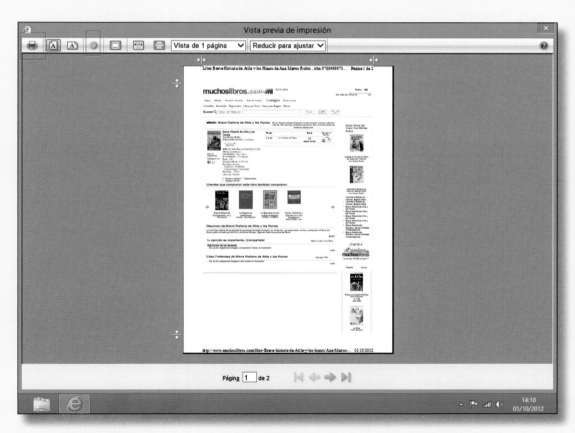

Figura 3.16. La Vista previa de impresión permite controlar el resultado.

UTILICE EL MENÚ PARA COPIAR Y PEGAR TEXTO

PRÁCTICA:

Copie un trozo de texto:

1. Haga clic al principio del texto que quiera copiar y arrastre el ratón hasta el final.

2. Haga clic con el botón derecho sobre el texto seleccionado y elija Copiar en el menú contextual o pulse las teclas **Control-C** del teclado del ordenador. El texto pasará al Portapapeles de Windows.

3. Abra el programa de destino, por ejemplo, WordPad, el Bloc de notas o Word. Haga clic sobre el archivo en blanco y seleccione Pegar en el menú o pulse las teclas **Control-V** del teclado del ordenador.

GUARDE E IMPRIMA UNA IMAGEN

Para guardar una imagen, solamente tiene que hacer clic sobre ella con el botón derecho del ratón y seleccionar en el menú contextual la opción Guardar imagen como. El cuadro de diálogo Guardar imagen le propondrá guardarla con el formato de origen, generalmente jpeg, y en la carpeta Mis imágenes. Cambie lo que precise y haga clic en **Guardar**.

Para imprimirla, haga clic sobre ella con el botón derecho y después seleccione la opción Imprimir imagen en el menú contextual.

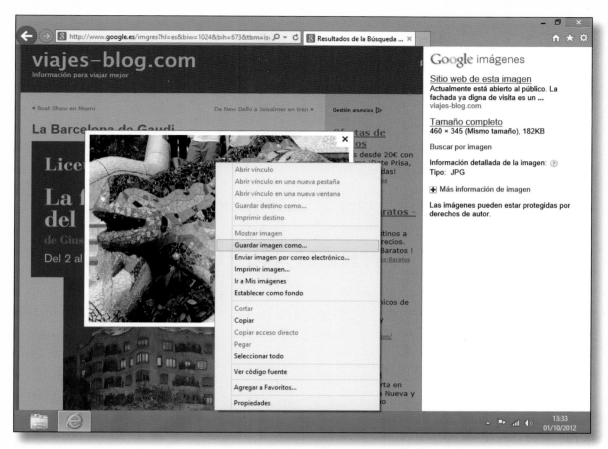

Figura 3.17. El menú contextual de la imagen
permite guardarla o imprimirla.

Truco: Si, al acercar el cursor a la imagen, aparece una lupa con el signo más, haga clic con ella antes de guardarla. La imagen que se ve al principio es una versión reducida de la imagen final de alta resolución que solamente aparece al hacer clic con la lupa. Aprenderemos a buscar imágenes en el capítulo 5.

4

EL CORREO ELECTRÓNICO

El correo electrónico consiste en el envío de mensajes a través de Internet. Los mensajes se redactan, envían y reciben usando un programa cliente de correo, como Outlook o Gmail.

LAS CUENTAS DE CORREO ELECTRÓNICO

Antes de poder enviar y recibir mensajes, es preciso disponer de una cuenta de correo electrónico. Si usted ya utiliza Hotmail que es el correo electrónico de Microsoft, verá que ahora se ha convertido en Outlook, mucho más completo y fácil de utilizar. Su proveedor de servicios de Internet le facilitará asimismo una o más cuentas de correo. Todas son similares y funcionan de manera similar.

La dirección de correo electrónico

La dirección de correo electrónico se compone del nombre del usuario, escrito generalmente con minúsculas y sin acentos ni signos de puntuación. Se pueden escribir el nombre y el apellido seguidos o separarlos con un guión bajo. Por ejemplo, jorgelopez ó bien jorge_lopez. Luego hay que poner la arroba @ que es el carácter que separa el nombre del usuario del nombre del servidor, es decir, del nombre del ordenador que gestiona su cuenta de correo electrónico. Así tenemos jorgelopez@

Finalmente se pone el nombre del servidor y su terminación, que puede ser .es, .net, .com, etc. Por ejemplo, la dirección completa con el servidor de Hotmail será: jorgelopez@hotmail.com.

Nota: Recuerde que para escribir la arroba debe pulsar a la vez las teclas **Alt Gr** y @ (la tecla que lleva el número **2**).

Añadir y modificar cuentas de correo electrónico

Para acceder a una cuenta de correo electrónico, es preciso disponer de un nombre de usuario y de una contraseña, pero Outlook forma parte de Windows 8 y se accede a él con la misma contraseña con la que se accede a Windows. Windows 8 le ofrece tantas cuentas de correo como usuarios haya configurado en el panel Usuarios. Cada usuario dispondrá de su cuenta y de su contraseña. En este mismo panel puede añadir nuevos usuarios, modificar los datos de las cuentas o eliminar usuarios. Al hacerlo, agregará cuentas de correo, las modificará o las eliminará:

PRÁCTICA:

Añada una nueva cuenta de usuario y de correo electrónico:

1. En la pantalla Inicio de Windows 8, aproxime el ratón al borde derecho de la pantalla y, cuando aparezcan los iconos, haga clic en Configuración.

2. Haga clic en la opción Cambiar configuración de PC.

3. Haga clic en Usuarios para acceder al panel del mismo nombre.

4. Haga clic en la barra de desplazamiento vertical para ver la parte inferior de la página.

5. Haga clic en la opción + agregar un usuario.

6. Haga clic en la opción Registrarse para obtener una nueva dirección de correo electrónico.

7. Rellene el formulario. Es igual al que tuvo que rellenar para disponer de su acceso a Windows 8 y de su cuenta de correo.

Figura 4.1. Agregue, modifique o suprima cuentas de correo en el panel Usuarios de Windows 8.

EL MOSAICO CONTACTOS

Antes de enviar y recibir mensajes de correo electrónico, es preciso elaborar una lista de contactos con las direcciones de los destinatarios.

Si ya tiene una cuenta en Hotmail o en Outlook, encontrará su lista de contactos en el mosaico Contactos.

Si tiene también una lista de contactos en Google, por ejemplo, en Gmail, o en redes sociales como Facebook, este mosaico le facilitará su acceso. Puede verlo en la figura 4.2.

Figura 4.2. El mosaico Contactos permite gestionar sus listas de contactos.

PRÁCTICA:

Añada un contacto nuevo:

1. Haga clic en el mosaico Contactos y luego haga clic con el botón derecho en la parte inferior de la ventana para poder ver los iconos de gestión que muestra la figura 4.2.

2. Haga clic en el icono Nuevo que muestra una cruz.

3. Rellene el formulario con los datos del nuevo contacto (al menos, el nombre y la cuenta de correo) y haga clic en el icono Guardar.

PRÁCTICA:

Modifique o elimine un contacto:

1. Haga clic en el nombre del contacto.

2. Haga clic con el botón derecho del ratón en la parte inferior de la página para ver los iconos.

3. Haga clic en el icono Eliminar o Editar.

Figura 4.3. Modifique o elimine un contacto.

EL MOSAICO CORREO

El mosaico Correo da acceso directo a los mensajes de correo electrónico que aparecen en la carpeta Entrada de Outlook.

Truco: Si no dispone de Windows 8, puede acceder a su cuenta de correo electrónico desde Internet Explorer, escribiendo la dirección de Outlook en la barra de direcciones: http://www.outlook.com y escribiendo su nombre de cuenta y su contraseña. Agregue su página de Outlook a Favoritos para tenerla siempre a mano.

La carpeta Entrada

Figura 4.4. La carpeta Entrada de Outlook con los mensajes.

Gestione los mensajes recibidos

Para leer un mensaje de correo sólo hay que hacer clic sobre él. Una vez desplegado, el mensaje muestra la opción Acciones en la que puede hacer clic para elegir la acción siguiente en el menú. Puede ver algunas de estas opciones en la barra de herramientas situada en la parte superior de la ventana de Outlook.

- **Responder**. Esta acción abre un nuevo mensaje de correo destinado al remitente.

- **Responder a todos**. Utilice esta opción cuando el mensaje vaya destinado a varios destinatarios y usted quiera que todos reciban su respuesta.

- **Reenviar**. Utilice esta opción para enviar el mensaje recibido a otros destinatarios.

- **Eliminar**. Envía el mensaje a la papelera de reciclaje, donde quedará disponible para recuperarlo. Utilice esta acción cuando haya leído un mensaje que no necesite guardar. Evitará que su carpeta Entrada se sature.

- **Correo no deseado**. Esta acción envía el mensaje a la carpeta de spam (correo basura) y pone al remitente en la lista de remitentes no deseados. Todos los mensajes que el mismo remitente le envíe irán a esa carpeta.

- **Imprimir mensaje**. Envía el mensaje a la impresora.

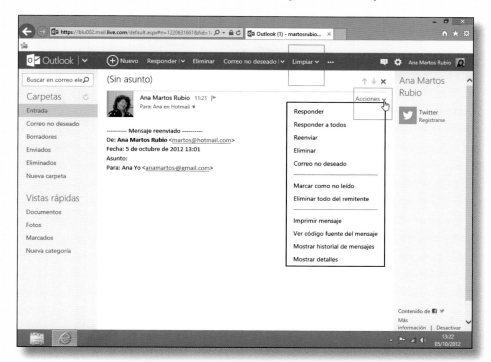

Figura 4.5. El menú Acciones.

Truco: Para evitar que su carpeta Entrada contenga demasiados mensajes y dificulte su gestión, haga clic en la opción Limpiar de la barra de herramientas (véase la figura 4.5) y seleccione una opción.

Los archivos adjuntos

Si el mensaje trae un archivo adjunto, por ejemplo, un documento o una fotografía, irá acompañado de un icono con forma de clip (véase la figura 4.4).

Para abrir el archivo adjunto, solamente tiene que hacer clic sobre el clip. Si es una fotografía o una presentación, por ejemplo, haga clic en Descargar para guardarla en su disco duro. Cuando Internet Explorer pregunte si desea guardar o ver el archivo, haga clic en **Guardar**.

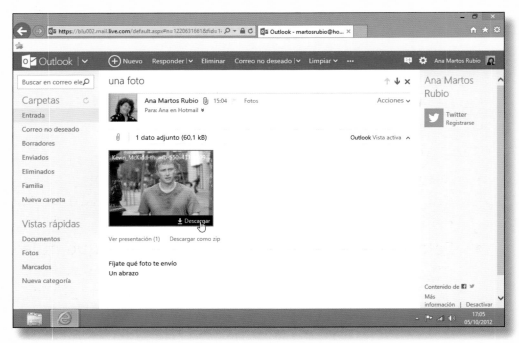

Figura 4.6. Haga clic en Descargar.

Internet Explorer descargará el archivo después de ejecutar un análisis de seguridad. Al finalizar la descarga, podrá encontrarlo en la carpeta Descargas, en el Explorador de archivos.

El correo no deseado

La carpeta Correo no deseado contiene mensajes de remitentes no deseados, ya sea correo basura o remitentes no deseables. Outlook puede enviar a esta carpeta mensajes cuyos remitentes considere inseguros, aunque en realidad no lo sean. También usted puede enviar a esta carpeta algún mensaje por error o distracción.

PRÁCTICA:

Recupere un mensaje de la carpeta Correo no deseado:

1. Seleccione un mensaje en la carpeta Entrada y haga clic en la opción Correo no deseado, en la barra de herramientas de Outlook. El mensaje desaparecerá de la carpeta Entrada.

2. Haga clic en la opción Correo no deseado de la lista de carpetas de la izquierda de la ventana de Outlook.

3. Haga clic con el botón derecho del ratón sobre el mensaje a recuperar.

   - Seleccione Es correo deseado en el menú contextual para que Outlook incluya al remitente en la lista de remitentes seguros.

   - Seleccione Mover y elija la carpeta a la que quiere mover este mensaje, por ejemplo, Entrada. Pero continuará en la lista de remitentes no seguros hasta que haga clic en Es correo deseado.

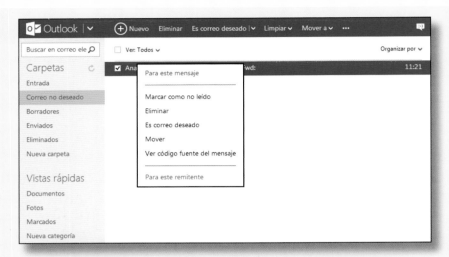

Figura 4.7. El menú del mensaje no deseado.

La papelera

Outlook envía a la papelera un mensaje cuando usted hace clic en la opción Eliminar. Puede recuperar un mensaje de la papelera igual que de la carpeta de no deseados, haciendo clic en la opción Eliminados de la lista de carpetas de la izquierda. Una vez localizado el mensaje, puede eliminarlo definitivamente, enviarlo a la lista de no deseados o moverlo a una carpeta para recuperarlo, seleccionando la opción que desee en el menú contextual que aparece al hacer clic sobre el mensaje con el botón derecho del ratón.

Responda a un mensaje recibido

Para contestar a un mensaje recibido solamente tiene que hacer clic sobre él para desplegarlo y después hacer clic en Acciones. Seleccione Responder, escriba la respuesta y haga clic en el botón **Enviar** de la barra de herramientas.

Si el mensaje iba dirigido a varios destinatarios y quiere enviar su respuesta a todos ellos, seleccione la acción Responder a todos en lugar de Responder.

Guarde sus mensajes

Puede guardar sus mensajes en una de las carpetas de Outlook o en una nueva carpeta creada por usted.

PRÁCTICA:

Guarde un mensaje en una carpeta nueva:

1. En la ventana de Outlook, haga clic sobre la opción Nueva carpeta, en la lista de carpetas de la izquierda y escriba un nombre para la nueva carpeta.

2. Haga clic en Entrada para acceder a los mensajes recibidos.

3. Haga clic en el mensaje que quiera guardar y arrástrelo a la nueva carpeta.

Figura 4.8. Arrastre el mensaje a la nueva carpeta.

Imprima sus mensajes

Antes de imprimir un mensaje, es conveniente obtener una vista previa del resultado. Para ello, solamente tiene que hacer clic con el botón derecho de ratón sobre el mensaje desplegado y seleccionar la opción Vista previa de impresión en el menú contextual.

La ventana Vista previa de impresión es idéntica a la que vimos en el capítulo 3 para Internet Explorer. Encontrará los mismos botones para imprimir el mensaje o configurar la impresión.

La carpeta Enviados

La carpeta Enviados de Outlook contiene los mensajes que haya enviado a los distintos destinatarios.

Envíe un mensaje

Para practicar, puede escribir un mensaje y enviarlo a su propia dirección de correo.

PRÁCTICA:

Para escribir un mensaje, haga clic en la opción Nuevo de la barra de herramientas de Outlook. La figura 4.10 ilustra los puntos del proceso de redactar y enviar un mensaje:

1. Haga clic en Agregar un asunto y escriba el asunto del mensaje. El asunto es el texto que aparecerá junto al nombre del remitente en la carpeta Entrada. Si no se escribe el asunto en un mensaje, Outlook lo reclama, porque el remitente no sabrá de qué trata el mensaje que le llega. Si se envía el mensaje sin haber indicado

el asunto, Outlook incluye la expresión (Sin asunto) junto al nombre del remitente. Puede verlo en la figura 4.9.

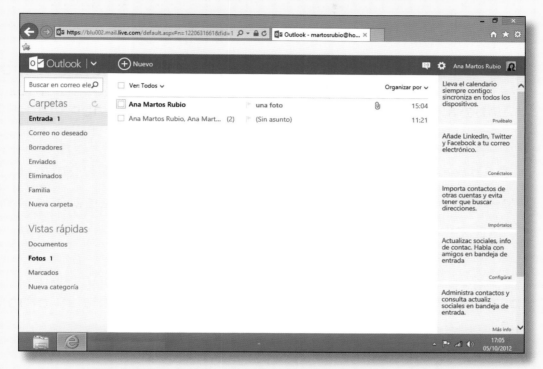

Figura 4.9. Un mensaje con asunto y otro sin él.

2. Haga clic en Para. Se abrirá la lista de contactos para que seleccione la dirección o direcciones del destinatario o destinatarios. Si quiere poner a alguien en copia, no como destinatario, haga clic en CC y seleccione el nombre. Si quiere enviar una copia a alguien de manera que los demás no vean que recibe esa copia, haga clic en CCO y seleccione el nombre. La ventana de contactos se cerrará cuando haga clic en el punto siguiente.

3. Haga clic en Escribe el mensaje aquí y escriba el texto de su mensaje.

4. Si desea agregar una expresión anímica, como sonrisa, sorpresa, alegría, tristeza, etc., puede colocar un emoticono junto a una palabra o frase. Para ello, haga clic en el icono Insertar emoticono y seleccione el que le agrade en la ventana que se abre a la izquierda de la pantalla. Para cerrar esa ventana, haga clic de nuevo en Insertar emoticono.

5. Si quiere adjuntar un texto o una imagen, haga clic en Adjuntar archivos. Haga clic en la carpeta en que se encuentra el archivo, selecciónelo y haga clic en **Abrir**. Puede enviar tantos archivos como permita la capacidad de Outlook, pero recuerde que el destinatario recibirá los que permita la capacidad de su servidor de correo electrónico.

6. Cuando el mensaje esté completo, haga clic en **Enviar**. Si lo ha enviado a su propia dirección, lo encontrará en la carpeta Entrada.

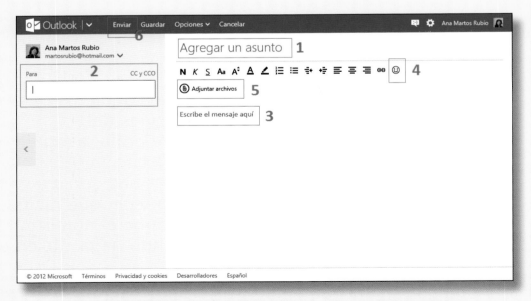

Figura 4.10. Los pasos para completar el mensaje.

La copia oculta

La copia oculta que hemos enviado haciendo clic en CCO tiene una misión. Es habitual que amigos y conocidos compartan textos, imágenes, vídeos, presentaciones y curiosidades en la Red. Cuando los mensajes van repletos de direcciones de destinatarios, corren el peligro de que un tercero se aproveche para incluir todas esas direcciones de correo en una lista de marketing, publicidad u otros fines más oscuros. Por ello, para evitar airear las direcciones de sus destinatarios, es conveniente que incluya solamente la de uno de ellos (o la suya propia) y envíe copias ocultas a todos los demás.

Quitar el archivo adjunto

Si adjunta un archivo a un mensaje y quiere quitarlo antes de enviar el mensaje, aproxime el puntero del ratón a la esquina inferior derecha de la miniatura del archivo y haga clic en la pequeña aspa que aparece.

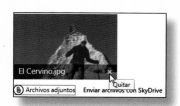

Figura 4.11. Quitar un archivo.

La carpeta Borradores

PRÁCTICA:

Guarde un mensaje para más tarde:

1. Escriba un mensaje y haga clic en **Guardar**. Este botón está junto a **Enviar** en la barra de herramientas.

2. Haga clic en Outlook para volver al inicio y luego haga clic en la carpeta Borradores.

3. Haga clic en el mensaje guardado.

- Para completarlo, haga clic en Continuar escribiendo.

- Para enviarlo, haga clic en **Enviar**.

- Para descartarlo, haga clic en **Eliminar**.

Reenviar un mensaje

Si quiere enviar un mensaje recibido a una tercera persona, haga clic en Acciones y seleccione la opción Reenviar. Si lo desea, puede agregar un texto en la parte superior del mensaje o bien enviarlo como está. Seleccione el destinatario haciendo clic en Para y luego haga clic en **Enviar**.

Buscar un mensaje

Outlook facilita la búsqueda de mensajes guardados en sus carpetas.

PRÁCTICA:

Busque un mensaje guardado. La figura 4.13 ilustra los pasos de esta práctica:

1. Haga clic en la casilla Buscar, que contiene una lupa.

2. Haga clic en Búsqueda avanzada.

Figura 4.12. La casilla Buscar y la Búsqueda avanzada.

- Si recuerda el remitente o el destinatario, escriba entonces su nombre en las casillas De o Para.

- Si recuerda en qué carpeta lo guardó, haga clic en Todas las carpetas y selecciónela.

- Si llevaba un archivo adjunto, haga clic en la casilla Con datos adjuntos.

- Si solamente recuerda una palabra o una frase, escríbalas en la casilla Palabras clave.

3. Haga clic en **Buscar**.

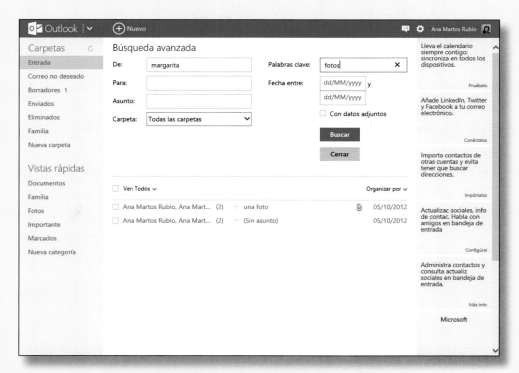

Figura 4.13. La búsqueda de Outlook.

LA SEGURIDAD EN EL CORREO ELECTRÓNICO

Recuerde que el correo electrónico es el punto más débil de su ordenador y que muchos delincuentes utilizan las cuentas de correo para tratar de estafar a los usuarios o inocular sus equipos con virus o programas malignos adjuntos a los mensajes.

Por eso es importante que recuerde las normas de seguridad que señalamos en el capítulo 2.

- Nunca abra un mensaje cuyo remitente desconozca o le resulte sospechoso. Márquelo como Correo no deseado para futuros envíos o bórrelo directamente en la carpeta Entrada y después elimínelo definitivamente en la carpeta Eliminados.

- No atienda ofertas de ventas, compras, demandas o solicitudes que le lleguen por correo electrónico. A veces, pueden proceder de un remitente conocido, pero eso no significa que sea ese remitente quien envía el mensaje fraudulento o dañino. Es posible que el remitente en cuestión tenga instalado un virus tipo Caballo de Troya en su ordenador y no sea consciente de que un tercero lo está utilizando para difundir mensajes con mala intención.

- No acepte ofertas de negocios o trabajo fácil y cómodo en casa. Generalmente son mensajes de organizaciones que pretender blanquear dinero o utilizar a los usuarios para fines ocultos.

- No difunda mensajes que llegan ofreciendo cosas muy apetecibles, con la condición de reenviarlos a un determinado número de personas. No haga caso de los que difunden sucesos como la muerte inminente de un niño por falta de medicamentos o temas similares. Esos mensajes son engaños que tratan de obtener el mayor número posible de direcciones de correo para hacerlas blanco de sus envíos publicitarios o de ofertas fraudulentas. Si desea colaborar con instituciones benéficas, como SOS Children, Save the Children, Médicos sin fronteras o Amnistía Internacional, suscríbase a ellas y atienda exclusivamente sus mensajes.

- Suscríbase al boletín del INTECO y/o a la revista *Consumer* que mencionamos en el capítulo 2. Ambos son gratuitos y le informarán sobre seguridad en Internet.

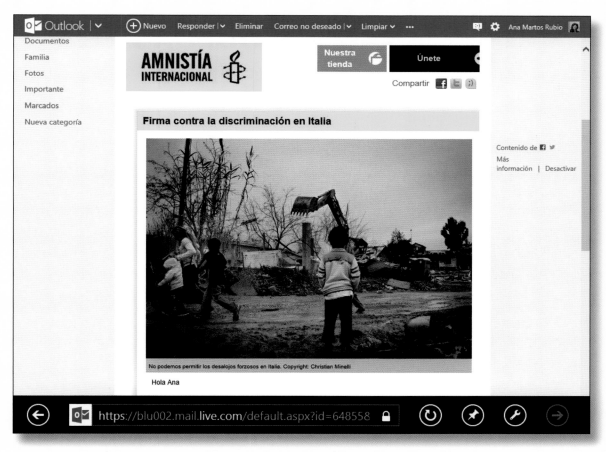

Figura 4.14. Amnistía Internacional no pide dinero ni reenvío, solamente firmas.

5

LAS BÚSQUEDAS EN INTERNET

Internet ofrece numerosas herramientas para localizar información de todo tipo.

 **Libros:** Encontrará información más amplia y detallada sobre búsquedas en Internet en los libros *Como buscar en Internet*, *Mas Internet* y *Sin salir de casa con Internet*, de esta misma colección.

PORTALES Y BUSCADORES

Los portales son sitios Web que ofrecen acceso a diversos recursos, como noticias, tiendas, cotizaciones de Bolsa, información meteorológica, agencias de viajes, chats, foros de debate, etc. Generalmente, contienen un directorio con la información ordenada por categorías. Además, todos los portales llevan incorporado un buscador para encontrar información mediante palabras clave. MSN, que es el portal de Microsoft, lleva incorporado Bing, que es el buscador de Microsoft. Puede ver la ventana del buscador Bing incrustada en el portal MSN en la figura 5.1.

Los motores de búsqueda o buscadores son programas muy potentes que recorren la Web para localizar todo tipo de información. Una vez localizada, la organizan por temas, por orden alfabético, etc.

Seleccione un segundo navegador

Además de Internet Explorer, Windows 8 permite seleccionar otro u otros navegadores. Para ello trae un mosaico llamado Selección del explorador, en el que se puede hacer clic para elegir uno o varios y disponer así de dos o tres exploradores. Generalmente, este mosaico se halla en el extremo derecho de la pantalla Inicio.

Figura 5.1. MSN es el portal de Microsoft. Incorpora Bing que es el buscador de Microsoft.

Si desea disponer de un segundo navegador, haga clic en el mosaico Selección del explorador y elija uno nuevo, por ejemplo, Firefox o Chrome, que es el navegador de Google. Haga clic en el botón **Instalar**.

Si instala Chrome, Google le ofrecerá abrir una cuenta de correo electrónico en Gmail. Acepte si desea disponer de dos cuentas de correo. Gmail es similar a Outlook. El nuevo programa que instale, Firefox, Opera o Chrome, pedirá ser su navegador predeterminado, es decir, el primero que se iniciará cuando abra una página Web. Si acepta, su rendimiento mejorará y, si después quiere utilizar de nuevo Internet Explorer, acepte también que sea su navegador predeterminado para que cargue todos los complementos y funcione mejor. Es recomendable no mantener abiertos dos navegadores a la vez para evitar conflictos, pero siempre puede alternarlos y cada vez aceptar que el que utilice sea el predeterminado. Pruébelos y quédese con el que más fácil y cómodo le parezca.

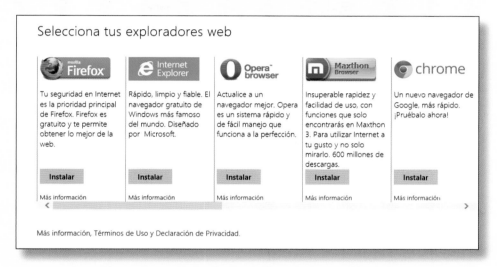

Figura 5.2. Seleccione un segundo navegador.

Al finalizar la instalación, encontrará un nuevo mosaico en la pantalla Inicio para poner el nuevo navegador en funcionamiento. Si lo desea, puede anclarlo a la barra de tareas del Escritorio como hicimos con Internet Explorer o arrastrar el mosaico a la zona de la pantalla Inicio que más facilite su localización.

Advertencia: Si instala un segundo navegador, es probable que Internet Explorer se desancle de la barra de tareas del Escritorio. En tal caso, si quiere recuperarlo, vuelva a anclarlo como hicimos en el capítulo 1.

Elija el buscador adecuado

El buscador adecuado es el que mejor se ajuste a sus gustos y el que más fácil le resulte de emplear. Si utiliza MSN, Internet Explorer encargará las búsquedas a Bing. Si utiliza Google, será este el que se encargue de buscar. Lo mejor es probarlos y decidir.

PRÁCTICA:

Elija el buscador más conveniente comparando MSN y Google:

1. Si su página principal es MSN, haga clic en el botón **Página principal**. Si no lo es, escriba http://es.msn.com en la barra de direcciones de Internet Explorer y pulse **Intro**.

2. En la casilla de búsquedas, escriba las palabras clave: arribes duero, con minúsculas.

3. Haga clic en **Buscar Web**.

4. Observe los resultados en la figura 5.3. 794.000 documentos Web que contienen las palabras clave.

5. Pruebe ahora con Google. Si su página principal es Google, haga clic en el botón **Página principal**. Si no lo es, escriba http://www.google.es en la barra de direcciones de Internet Explorer y pulse **Intro**.

6. En la casilla de búsquedas de Google, escriba: arribes duero, con minúsculas.

7. Haga clic en **Buscar con Google**.

8. Observe los resultados en la figura 5.4, 579.000 documentos Web que contienen las palabras clave.

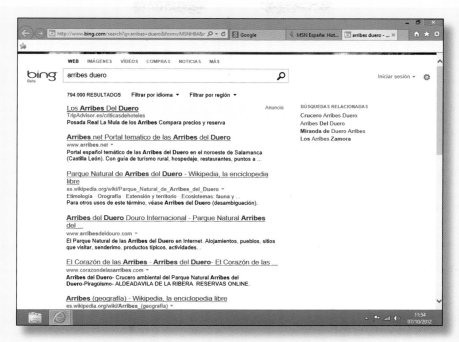

Figura 5.3. Los resultados de MSN.

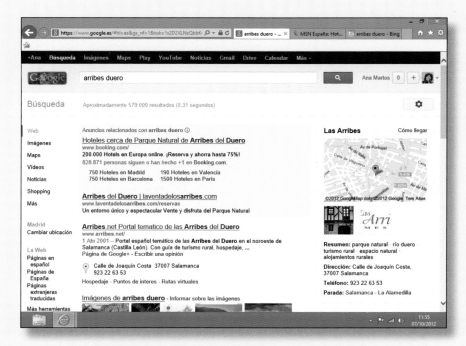

Figura 5.4. Los resultados de Google.

9. Compare no solamente la cantidad, sino la presentación de los resultados y la facilidad que ambos buscadores le ofrecen para localizar lo que busca. Luego podrá elegir el buscador adecuado. En otras búsquedas, puede que sea Google el que arroje más resultados que Bing. Por ejemplo, pruebe a repetir la práctica anterior escribiendo arribes del duero en lugar de arribes duero en los dos buscadores y verá la diferencia.

TÉCNICAS PARA BUSCAR

Nota: Internet es un mundo dinámico y cambiante en que la información se actualiza constantemente y esa es precisamente su razón de ser. Por ese motivo, encontramos más práctico aprender a manejar las búsquedas con palabras clave que ofrecer listas de direcciones que con seguridad se habrán quedado obsoletas cuando este libro llegue a manos del lector.

Veamos las principales técnicas para buscar información en Internet.

El árbol de categorías

Los directorios de los portales ofrecen la información organizada por categorías. Debajo de cada categoría, se encuentran distintas subcategorías en las que se puede hacer clic para profundizar hasta llegar a la subcategoría que contenga la información precisa.

En la siguiente práctica, utilizaremos un buscador de buscadores, es decir, un buscador que en lugar de localizar asuntos o temas, localiza buscadores especializados en determinado asunto o tema. Estos programas son prácticos, por ejemplo, si tiene que buscar información sobre un país determinado. Así, para buscar información sobre Chile, utilizaremos un buscador chileno.

Figura 5.5. Buscopio es un buscador de buscadores.

PRÁCTICA:

Localice un buscador chileno para buscar información de Chile:

1. Escriba http://www.buscopio.net/esp en la barra de direcciones de Internet Explorer y pulse la tecla **Intro**.

2. Observe el árbol de categorías en la figura 5.5. Bajo la categoría Buscadores por países, haga clic en la subcategoría América.

3. Haga clic en Chile.

4. Pruebe a utilizar distintos buscadores chilenos para localizar, por ejemplo, Isla Negra, el lugar donde vivió Pablo Neruda y donde se conserva su casa-museo.

Truco: También puede utilizar el árbol de categorías de MSN o Google. Si hace clic en la barra de desplazamiento vertical de MSN y arrastra el ratón hacia abajo, accederá al directorio de MSN que se encuentra al final de la página. Para acceder al directorio de Google, haga clic en Más, en la barra de herramientas, y después en Mucho más.

Figura 5.6. El directorio de MSN.

Figura 5.7. El menú Más de Google.

Búsqueda por palabras clave

Nota: Las palabras clave deben escribirse siempre con minúsculas, sin acentos, sin artículos ni preposiciones ni partículas.

Hemos realizado una búsqueda escribiendo palabras clave para localizar las Arribes del Duero. El buscador, ya sea MSN o Google, ha localizado gran cantidad de información. Veremos ahora la forma de centrar la búsqueda y obtener menos resultados pero más precisos.

Truco: Puede localizar buscadores para temas específicos o buscadores de buscadores escribiendo palabras clave en la casilla de búsquedas de Google o MSN, por ejemplo, buscadores viajes, buscadores bibliotecas, buscadores tiendas o "buscadores de buscadores". Para ver la programación de televisión, por ejemplo, escriba programacion tv.

Centre la búsqueda

Si utiliza pocas palabras clave, el buscador arrojará excesivos resultados. Para centrar la búsqueda, hay que escribir más palabras clave. Emplearemos la Búsqueda avanzada de Google para localizar hoteles en las Arribes del Duero, que no se encuentren en Portugal y que tengan ofertas especiales para personas mayores.

PRÁCTICA:

Aprenda a utilizar la búsqueda avanzada de Google:

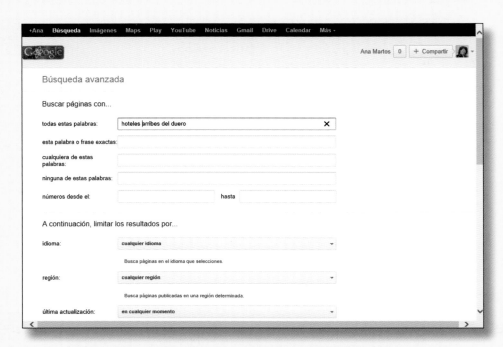

Figura 5.8. La Búsqueda avanzada de Google.

1. En la página principal de Google (http://www.google.es si no es su página principal), escriba las palabras clave hotel arribes del duero y haga clic en **Buscar con Google**.

2. En la página de los resultados, haga clic en la barra de desplazamiento vertical y arrastre el ratón hasta el final de la página.

3. Haga clic en el enlace Búsqueda avanzada. [Búsqueda avanzada]

4. En la casilla todas estas palabras, añada la palabra clave mayores a las palabras clave anteriores hotel arribes del duero.

5. En la casilla ninguna de estas palabras, escriba portugal, para que no aparezcan hoteles situados en Portugal.

6. Haga clic en la barra de desplazamiento vertical y arrastre hasta el final del formulario. Haga clic en el botón **Búsqueda avanzada**.

   Búsqueda avanzada

7. En los resultados, haga clic en la página del hotel que desee para leer la información, ver fotografías y encontrar la oferta que le interese. Puede reservar habitación directamente o anotar el teléfono del hotel, si quiere plantear alguna pregunta. Recuerde que siempre puede volver a la página anterior haciendo clic en los botones **Atrás** y **Adelante** de Internet Explorer.

Búsqueda exacta

El método anterior arrojará menos resultados que la búsqueda que utilizamos con solamente dos o tres palabras clave. Cuantas más palabras clave ponga en una búsqueda, más aproximado será el resultado.

Sin embargo, para llevar a cabo una búsqueda exacta, es preciso escribir una cadena de texto entre comillas, por ejemplo, la letra de una canción, un poema o un texto del que conozca una parte.

La cadena de caracteres que va entre las comillas tiene que ser idéntica a la que quiera buscar. Por ejemplo, si tuviera que localizar el texto de *El Quijote*, debería escribir "en un lugar de la mancha de cuyo nombre" en la casilla de búsquedas o escribir ese texto sin comillas en la casilla esta palabra o frase exactas de la Búsqueda avanzada de Google.

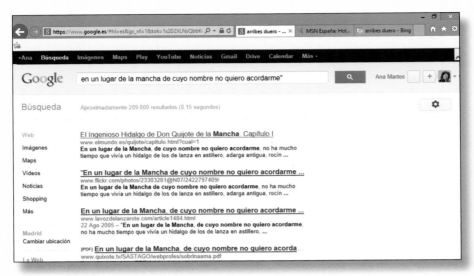

Figura 5.9. La frase exacta entrecomillada.

Buscar imágenes y vídeos

Hasta ahora, hemos localizado textos, es decir, documentos que contienen un texto, como hotel arribes del duero. Para encontrar imágenes, vídeos, música, mapas o noticias, utilizaremos los recursos de los buscadores.

PRÁCTICA:

Busque fotografías y vídeos de las Arribes del Duero:

1. En la casilla de búsquedas de MSN, escriba arribes duero o arribes del duero.

2. Haga clic en Imágenes y después en la lupa.

3. De forma predeterminada, el buscador localiza imágenes de tamaño medio. Si desea obtener solamente imágenes grandes para guardarlas o imprimirlas a alta resolución, haga clic en la opción Grande, en la parte superior de la ventana.

4. Haga clic en la fotografía que desee.

- Para ver la imagen completa, haga clic en Tamaño completo.

- Para leer información acerca de la fotografía, haga clic en Sitio web de esta imagen.

Figura 5.10. Los datos de la imagen.

5. Pruebe ahora a hacer clic en Vídeos, situado junto a Imágenes. También podrá aplicar filtros para el tamaño del vídeo.

6. Pruebe ahora la misma búsqueda con Google.

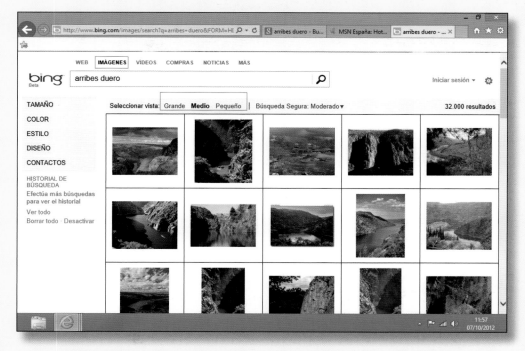

Figura 5.11. Bing ha localizado únicamente imágenes.

Buscar mapas

Si aplicamos el método anterior para encontrar mapas de las Arribes del Duero, tanto MSN como Google localizarán calles, lugares, empresas o tiendas que lleven ese nombre. Para buscar mapas, es preciso indicar una localidad, incluso una calle dentro de determinada localidad. Por ejemplo, si encontramos un hotel que nos convenga para nuestro viaje a las Arribes del Duero, podemos visitar la localidad en que se encuentra utilizando los mapas de Google.

PRÁCTICA:

Visite un pueblo con los mapas de Google:

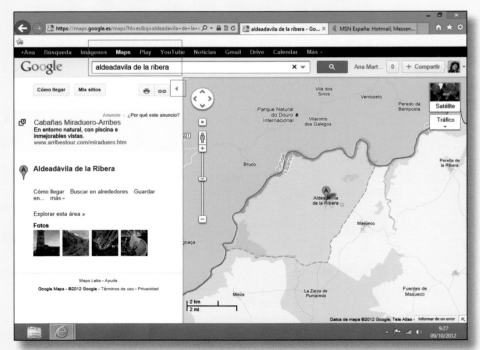

Figura 5.12. Aldeadávila en Maps.

1. Vaya a la página principal de Google y escriba aldeadavila de la ribera en la casilla de búsquedas.

2. Haga clic en Maps. Está señalado en la figura 5.12.

3. Haga clic en **Ocultar panel**, la pequeña flecha que apunta a la izquierda, para ver el mapa completo. Está marcada también en la figura 5.12.

4. En el control de tamaño, haga clic en el botón **Aumentar** que tiene el signo **+** o en **Disminuir**, que tiene el signo **-** para alejarlo. También puede hacer clic en el deslizador y arrastrarlo arriba o abajo para acercar o alejar el mapa. Si no puede ver el lugar que busca, haga clic sobre el mapa y arrastre el ratón hasta centrarlo.

5. Acerque el mapa y haga clic en Satelite para obtener una vista aérea. Cuando desee volver a la vista del mapa, haga clic en el mismo objeto que habrá pasado a llamarse Mapas.

Las vistas Panoramio y StreetView

Google Maps ofrece dos modos de visualizar ciudades o paisajes:

• Panoramio. Muestra fotografías del lugar visitado.

• StreetView. Permite desplazarse dentro de la imagen del lugar visitado.

Cuando visite un lugar en modo Satelite, haga clic en el icono que tiene forma humana y arrástrelo hasta el punto que desee visualizar. Mientras lo arrastra, el icono irá mostrando indicaciones en una pequeña pantalla:

• No hay datos disponibles. No podrá visualizar el lugar de destino.

• Panoramio. Podrá ver una fotografía del lugar de destino.

• Si la pequeña pantalla indica el lugar de destino, podrá visitarlo con StreetView.

Suelte el ratón en el lugar que desee. Si dispone de StreetView, haga clic y arrastre el ratón a un lado o a otro para recorrer el lugar. Puede hacer doble clic para caminar por una calle o carretera. Para salir de Panoramio o de StreetView, haga clic en el botón **Salir** que muestra una pequeña aspa y está situado en la esquina superior derecha de la ventana de Google Maps.

Figura 5.13. Arrastre el icono y suéltelo sobre el lugar de destino.

Nota: También puede obtener una vista aérea haciendo clic en el mosaico Mapas de Windows 8, pero este programa no tiene tantas prestaciones como Google Maps. En Mapas, haga clic con el botón derecho para ver los botones y después seleccione Vista aérea en el menú del botón **Estilo de mapa**.

Buscar vídeos musicales

YouTube contiene numerosos vídeos musicales o fragmentos de películas, obras de teatro, etc. Puede acceder a ellos directamente desde Google.

PRÁCTICA:

Busque un vídeo musical:

1. En la página principal de Google, haga clic en YouTube en la barra de herramientas.

2. Escriba las palabras clave o el título del vídeo que desee localizar, por ejemplo, Los caballeros las prefieren rubias, y haga clic en la lupa.

Figura 5.14. El vídeo musical en YouTube.

3. Utilice los botones para reproducir o pausar que aparecen en la parte inferior de la ventana del vídeo.

Buscar noticias

MSN, el portal de Microsoft, le ofrecerá cada día las noticias más relevantes. También encontrará noticias en los mosaicos Noticias, Finanzas o Deportes de Windows 8.

Para localizar una noticia concreta, lo más fácil es escribir las palabras clave en la casilla de búsquedas y hacer clic en la opción Noticias de Google o MSN. Después, puede pulsar la tecla **Intro** del teclado del ordenador.

Visitar un museo

Todos los museos están en Internet y la mayoría de ellos ofrecen visitas a través de la Red.

PRÁCTICA:

Visite la casa-museo de Joaquín Sorolla, en Madrid:

1. Escriba http://museosorolla.mcu.es en la barra de direcciones de Internet Explorer y pulse la tecla **Intro**.

2. En la página principal del museo, haga clic en Visita virtual Museo Sorolla.

3. Pulse la tecla **F11** para obtener la vista de Página completa.

4. Haga clic en la parte inferior de la ventana para ver los botones de control.

5. Aproxime el cursor a cada botón, sin hacer clic, para ver su utilidad. Haga clic en el que desee.

Figura 5.15. La casa-museo de Sorolla y los botones para controlar la reproducción.

Truco: Puede localizar el museo que desee o páginas Web con acceso a varios o a todos los museos escribiendo palabras clave en la casilla del buscador, por ejemplo, museo guggenheim bilbao, museos antropologia, grandes museos o museos mundo.

6

LOS RECURSOS DE INTERNET

De los numerosos recursos que contiene la Red, veamos algunos sencillos y útiles.

LA COMPRA EN LÍNEA

Comprar en Internet es fácil y, en muchas ocasiones, económico. Existen ofertas exclusivas para compras en la Red, por ejemplo, billetes de avión o productos de grandes almacenes como Darty, Carrefour o El Corte Inglés.

Figura 6.1. Ofertas en línea.

 **Truco:** Localizar en Internet tiendas conocidas es tan fácil como escribir su nombre en la casilla de búsquedas de MSN o Google, por ejemplo, "el corte ingles", carrefour, fnac o "la casa del libro".

La mayoría de los portales tienen un enlace o botón de opciones llamado Compras o Tiendas que da acceso a diversos portales o buscadores de tiendas en línea.

Pero el método más certero es el que aprendimos en el capítulo anterior, escribir palabras clave en la casilla de búsquedas para localizar el producto deseado. Por ejemplo, si vive en Madrid y necesita adquirir un lavavajillas, lo más práctico es escribir comprar lavavajillas madrid. Si quiere comprarlo directamente en Internet, escriba online en lugar del nombre de su ciudad. Después sólo tendrá que hacer clic en las páginas Web que le resulten más interesantes y comprobar ofertas, precios, información del aparato, disponibilidad, garantías y gastos de envío.

- Recuerde que las compras en Internet están sujetas a la misma legislación que las compras en tiendas físicas. Usted sigue teniendo los mismos derechos de devolución y garantía.

- La compra en Internet es similar en todas las tiendas. Hay un carro o cesta en el que se van acumulando los objetos elegidos. Puede hacer clic en él para retirar o cambiar los objetos que desee o para comprobar el coste total de la operación incluyendo los gastos de envío, antes de formalizar la compra.

- Antes de finalizar la compra, es posible que la tienda le pida que se registre como cliente. Si ya es cliente, le pedirá que se identifique con su clave de acceso.

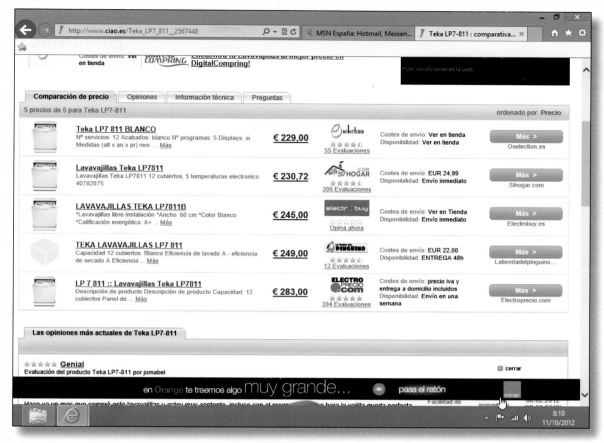

Figura 6.2. Las tiendas con precios y gastos de envío.

- A la hora de indicar datos del pago, la página debe mostrar un icono de que indique que se trata de un sitio seguro.

- En todo caso, siempre que sea posible y a menos que se trate de un establecimiento conocido, puede utilizar dos métodos de pago seguros:

    a) Pagar contra reembolso. No todas las tiendas lo admiten.

    b) Utilizar un monedero electrónico como PayPal o Ukash, que le permiten adquirir artículos sin tener que facilitar el número de la tarjeta de crédito.

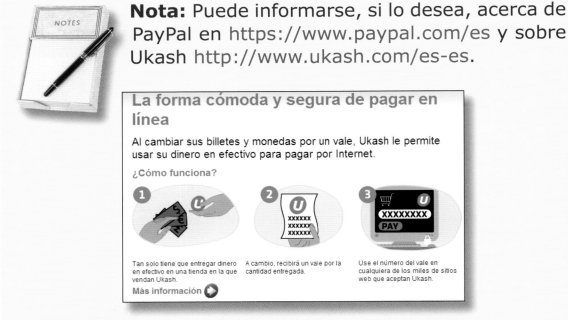

Nota: Puede informarse, si lo desea, acerca de PayPal en https://www.paypal.com/es y sobre Ukash http://www.ukash.com/es-es.

La forma cómoda y segura de pagar en línea

Al cambiar sus billetes y monedas por un vale, Ukash le permite usar su dinero en efectivo para pagar por Internet.

¿Cómo funciona?

Tan solo tiene que entregar dinero en efectivo en una tienda en la que vendan Ukash.

A cambio, recibirá un vale por la cantidad entregada.

Use el número del vale en cualquiera de los miles de sitios web que aceptan Ukash.

Más información

Figura 6.3. Ukash y PayPal son métodos de compra seguros.

Comparación de productos

Encontrará también sitios Web dedicados a comparar productos y a analizar precios, facilidades de envío, resultados, etc. El más popular es Ciao que encontrará en http://www.ciao.es. También puede utilizar palabras clave para comparar, por ejemplo, dos frigoríficos, escribiendo comparar frigorificos combi.

La compra-venta en Internet

Internet es un lugar excelente para encontrar artículos de segunda mano y para vender lo que desee. Se pueden utilizar las páginas de la popular revista *Segundamano*, que se encuentra en http://www.segundamano.es, para insertar anuncios gratuitos o localizar el objeto deseado, desde una antigüedad hasta un apartamento.

Figura 6.4. Segundamano en la Red.

Existen otras muchas páginas Web de anuncios pero lo más práctico sigue siendo el método de las palabras clave. Por ejemplo: comprar muebles ocasión segovia o comprar muebles usados asturias. Si son objetos grandes, la lejanía puede suponer un coste adicional de transporte.

Subastas en línea

Es posible concurrir a subastas para adquirir o vender objetos, escribiendo las palabras clave, por ejemplo, subastas online barcelona, si quiere localizar sitios Web de subastas en línea ubicados en Barcelona. Si añade el nombre del artículo, por ejemplo, muebles, la búsqueda será más precisa. Si no pone la ciudad, encontrará más subastas de objetos en línea, pero puede que el lugar en que se encuentre el artículo buscado sea Colombia o Méjico y, si es grande, el transporte puede resultar demasiado caro.

Figura 6.5. Subastas de muebles en Internet.

Las páginas de subastas aceptan los objetos que usted desee subastar. La página más popular de subastas en Internet es eBay, que hallará en http://www.ebay.es. Casi todas las páginas Web de subastas incluyen un tutorial que le indicará la forma de registrarse, de ofrecer objetos o de pujar por los objetos en venta y las formas de pago, así como la normativa vigente.

Comprar o alquilar un coche

Comprar un coche por Internet es igual que comprar otro objeto, como un piso o un crucero de vacaciones. Para un coche nuevo, escriba comprar y la marca del coche en la casilla de búsquedas. Si desea un coche usado, puede buscarlo en las páginas de *Segundamano* en la categoría Vehículos>Coches. También puede escribir las palabras clave en la casilla de búsquedas, por ejemplo, comprar twingo ocasion. Encontrará particulares y también talleres que venden coches de ocasión con una garantía de tres a seis meses. Si lo que quiere es vender su automóvil, cualquiera de las páginas de coches de ocasión le dará una pista de los precios y algunas le facilitarán la inserción de su anuncio, como la citada *Segundamano*.

Pero alquilar un coche es diferente, porque actualmente existen algunos sitios Web donde se pueden alquilar coches particulares a un precio muy reducido. La transacción está bien controlada, pues es imprescindible darse de alta, aportar datos personales y documentación del vehículo, en el caso del propietario, o del conductor, en el caso de quien alquila. Si desea informarse, puede dirigirse a http://www.socialcar.com o bien a http://www.bluemove.es. También puede utilizar el método de palabras clave escribiendo en la casilla de búsquedas, por ejemplo, alquilar coche particular valencia o eliminar la palabra particular si prefiere alquilarlo a una empresa tradicional.

Figura 6.6. Internet ofrece alquileres de vehículos particulares a precio muy reducido.

Libros, música y películas

En Internet es fácil localizar libros, discos o películas en formatos físicos, que se reciben por correo o mensajería. Solamente hay que escribir el título e indicar el formato, por ejemplo, comprar dvd "lo que el viento se llevo". Al escribir "lo que el viento se llevo" entrecomillado, evitará encontrar dvd con otros títulos que mencionen el viento.

Anteriormente vimos el menú de búsquedas de Google que se despliega al hacer clic en Más. En él podrá localizar el libro que le interese, ver en qué biblioteca o tienda se encuentra y, si la editorial lo ha incluido, podrá ver el índice y leer algunas páginas de muestra. Si busca vídeos, este menú le mostrará vídeos almacenados en YouTube, no DVD para comprar. Para comprar películas, es preferible escribir la palabra clave dvd o pelicula tras el título y la palabra comprar o alquilar. También encontrará alquileres de películas en línea escribiendo las palabras clave correspondientes.

Los ebooks

Si lo que desea son libros electrónicos para leerlos en un lector de ebooks, las palabras clave a escribir son ebook y a continuación el título que busca. Prácticamente todas las librerías en línea ofrecen libros en los dos formatos, papel y electrónico.

Algunas editoriales ofrecen al lector la posibilidad de hojear el libro antes de adquirirlo. En tal caso, hay que hacer clic en un enlace llamado Lea un fragmento o nombre similar. Puede encontrar un ejemplo en http://www.brevehistoria.com.

Pero lo más novedoso es el acceso a un libro virtual denominado *biblet* que permite no solamente leer parte del libro, sino utilizar una barra de herramientas con la que manejar el libro, agregar comentarios, recomendarlo, valorarlo o comprarlo.

Figura 6.7. Libros electrónicos en Tombooktu.

Figura 6.8. Aquí puede hojear un libro.

PRÁCTICA:

Pruebe a utilizar un biblet:

1. Escriba http://www.tombooktu.com en la barra de direcciones de Internet Explorer y pulse la tecla **Intro**.

2. Haga clic en la lista de enlaces de la izquierda para elegir una categoría, por ejemplo, Tombooktu historia o Tombooktu thriller.

3. Haga clic en el libro que le agrade. En la parte superior de la pantalla, podrá ver la información sobre el libro. Haga clic en la barra de desplazamiento vertical para acceder a la parte inferior de la página, donde encontrará el *biblet* con una barra de herramientas.

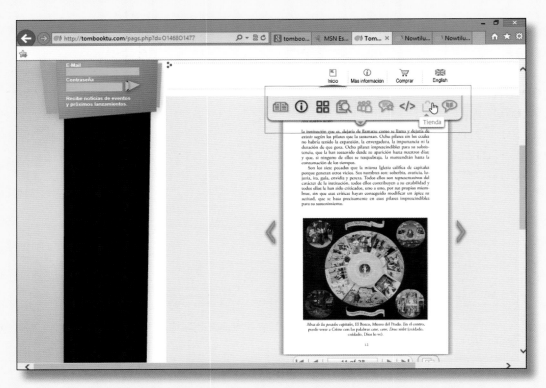

Figura 6.9. La barra de herramientas del biblet.

4. Aproxime el puntero del ratón a los botones de la barra de herramientas para ver su función. Podrá buscar un texto, compartir y recomendar el libro a sus amigos, valorarlo, comentarlo, etc. Para adquirirlo, haga clic en Tienda y elija una de las tiendas en línea que venden esa obra.

Nota: Si simplemente quiere comprar un libro y no desea leer fragmentos, haga clic en el icono del carrito de la compra que aparece junto al libro.

La tienda de libros, discos y películas más popular de Internet es Amazon, que hallará en español en la dirección http://www. amazon.es. Una vez en la página inicial de Amazon, haga clic en Buscar; para buscar libros electrónicos, localice Tienda Kindle en el menú y haga clic en **Ir**. Como todas las tiendas, Amazon tiene una casilla de búsquedas donde puede escribir el nombre del autor y/o el título. También verá el carrito de la compra que aquí se llama Cesta, donde se irán acumulando los artículos que adquiera. Para comprar un libro, haga clic sobre él para ver la información y luego haga clic en Comprar.

Truco: Encontrará numerosos textos gratis para descargar, especialmente los libros clásicos que no tienen derechos de autor. Puede localizarlos escribiendo el título entre comillas, el autor y agregando la palabra clave pdf, que es el formato digital más popular, por ejemplo, "el arte de amar" ovidio pdf descargar. La palabra clave pdf garantiza el formato digital del libro.

La música digital

A la hora de comprar música, Internet ofrece una facilidad que no hay en las tiendas físicas. Comprar música en Internet permite adquirir exclusivamente la pista musical deseada y no comprar el disco completo. Las pistas musicales suelen descargarse en formato mp3 y se puede reproducir en cualquier aparato moderno de sonido, vídeo o informático. Puede escribir las palabras clave en la casilla de búsquedas, por ejemplo, "el fantasma de la opera", agregando las palabras clave mp3, para no encontrar películas sino melodías, y descargar. Recuerde entrecomillar siempre los títulos para localizarlos con exactitud. Si tiene preferencia por un intérprete, añada el nombre a las palabras clave.

LOS BLOGS

Los blogs son cuadernos de bitácora que los autores escriben y exponen en Internet para dar a conocer sus ideas, proyectos, opiniones o para informar sobre sucesos. Los periodistas, los políticos, los intelectuales y muchas otras personas tienen su blog en la Red para hablar al mundo de lo que desean. Usted puede tener su propio blog y plasmar en él cuanto quiera, ilustrándolo con fotografías, dibujos o animación.

Buscar blogs en Internet es tan fácil como todo lo demás. Escriba la palabra clave blog y a continuación el tema, autor o institución que desee. Si busca el blog de un ministro, por ejemplo, no olvide agregar a la búsqueda la palabra clave españa o el nombre del país que desee, para evitar localizar blogs de ministros de todos los países de habla española. También puede utilizar el menú Más de Google haciendo clic en la opción Blogger.

Páginas de España

Encontrará directorios de blogs españoles en las siguientes direcciones http://www.directorio-blogs.com o http://www.directorioblogs.es.

Están organizados por categorías y le permitirán insertar su propio blog en la que le corresponda.

Truco: Si dispone de Microsoft Word, podrá escribir y registrar un blog directamente. Pruebe a escribir un texto y después seleccione en el menú Archivo>Guardar y enviar>Publicar como entrada de blog. Podrá registrarlo y guardarlo en el espacio gratuito de Microsoft, al que se accede desde el mosaico SkyDrive de Windows 8.

Libros: El libro *Word 2010* de esta misma colección explica el funcionamiento básico del procesador de textos Microsoft Word.

Otra forma cómoda y fácil de crear su propio blog es escribir en la casilla de búsquedas de Google o MSN las palabras clave crear blog gratis. Encontrará numerosos sitios Web que no solamente le ofrecerán espacio para alojar su blog, sino tutoriales sencillos para confeccionarlo.

Advertencia: Los textos publicados en Internet tienen los mismos derechos de autor que los publicados en papel. Si publica una frase copiada de un texto, recuerde que debe citar al autor. Si es un texto largo, solicite permiso para copiarlo y publicarlo.

LAS REDES SOCIALES

Libros: Encontrará información sobre redes sociales en Internet en el libro *Redes sociales*, de esta misma colección.

Revistas: La revista en línea *Consumer* de Eroski ofrece un interesante artículo que explica el funcionamiento de las redes sociales y que podrá encontrar en la dirección http://www.consumer.es/redes-sociales.

Las redes sociales son el medio de comunicación más humanizado de la Red. Ofrecen un espacio personal a cada usuario, que puede utilizar a su conveniencia para comunicarse con otros usuarios, para exponer fotografías o vídeos con sus experiencias y darlos a conocer a sus íntimos, a sus conocidos o a todo usuario de la red social que quiera acercarse a verlos.

Las redes sociales resultan muy útiles para formar grupos con los que compartir aficiones comunes, por ejemplo, grupos de radioaficionados o ajedrecistas, con los que compartir experiencias, conocimientos o amistad.

Privacidad en las redes sociales

Como todos los grupos, las redes sociales tienen sus normas de comportamiento encaminadas a controlar la proliferación masiva de mensajes e información. Si usted configura adecuadamente su perfil en la red social a la que se adhiera, no recibirá más información que la deseada y los datos que usted exponga solamente llegarán a conocimiento de las personas a las que usted autorice. Las redes sociales que, al fin y al cabo, son programas informáticos, tratarán de que usted agregue a su red de amigos un sinfín de amigos indiscriminados y desconocidos ofreciéndole ponerle en contacto con quienes el programa determina que pueden ser de su interés. Por ello, si entra a formar parte de una red social, configure su perfil de manera adecuada para no recibir mensajes no solicitados.

Las redes sociales más populares son Facebook y Twitter (y Tuenti para los jóvenes). Las encontrará en http://www.facebook.es y https://de.twitter.com/twitter_es. También es popular la red Linkedin, especializada en contactos de trabajo y muy útil para conocer personas del ámbito laboral. Se encuentra en http://es.linkedin.com.

Figura 6.10. Acepte o rechace invitaciones de amistad en las redes sociales.

Configure su perfil

Si se da de alta en Facebook, configure su privacidad haciendo clic en Inicio, junto a su perfil, y seleccionando Configuración de la privacidad. Entonces podrá decidir si la información que publique ha de estar accesible para todo el mundo (Público) o solamente para sus amigos (Amigos). De este manera, cuando alguien quiera ver sus datos, tendrá que solicitar su permiso y, en tal caso, Facebook (no el solicitante) enviará un mensaje a su cuenta de correo electrónico haciéndole saber que tal persona quiere ser su amigo en Facebook. Entonces, podrá ver el perfil del solicitante, averiguar si tienen amigos o conocidos en común y aceptar o rechazar su solicitud. También puede limitar el acceso de esa persona a los contenidos de su página, como muestra la figura 6.11.

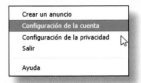

Figura 6.11. Configure la privacidad de su perfil en Facebook.

También puede eliminar los mensajes que Facebook le enviará a su dirección de correo electrónico con solicitudes de amistad, actualizaciones o notificaciones sobre sus amigos, conocidos o personas que se relacionen con usted. Cuando reciba un mensaje de Facebook, lea la nota que aparece al final del mensaje. En ella encontrará un enlace en el que hacer clic para cancelar su suscripción a estos envíos.

Figura 6.12. Cancele el envío de mensajes.

También Google tiene su propia red social, llamada Google Plus, que está en http://www.redsocialgoogle.com, a la que puede acceder directamente cuando instale el navegador Chrome. Si no ha instalado Google Chrome y desea probarlo, lo encontrará en el menú Más>Mucho más de la página inicial de Google. La diferencia principal entre Facebook y Google Plus es que la red Facebook está más encaminada a la comunicación entre los usuarios, mientras que Google Plus está concebida para publicar contenidos como documentos, fotografías o vídeos. Es similar a Windows Live, la red de Microsoft.

Windows Live

La red social de Microsoft se asienta en Windows Live y ofrece un espacio personal al que puede acceder haciendo clic en el mosaico SkyDrive de Windows 8, para colocar sus documentos o bien sus fotografías y compartirlos con las personas a quienes usted facilite el acceso y la contraseña.

Truco: Windows Live y SkyDrive requieren una clave de identificación llamada Live Id que son el nombre de cuenta de correo en Outlook o Hotmail y la contraseña. Al mismo tiempo, son las claves de acceso para Windows 8. Por ello, si usted ya tiene Windows 8 o dispone de una cuenta en Outlook o en Hotmail, ya tiene su identificador para acceder a Windows Live y obtener Messenger, el programa de mensajería instantánea de Microsoft, así como para utilizar su espacio personal en SkyDrive.

La mensajería instantánea

Hay muchos programas que permiten realizar videoconferencias a través de Internet, así como llamadas telefónicas gratuitas empleando la Red, y establecer comunicación enviando y recibiendo textos en conexión con otra u otras personas al mismo tiempo, que es lo que se conoce como *chat* (charla en inglés).

El programa más popular para conversar vía Internet es Skype, que puede descargar gratuitamente de http://www.skype.com/intl/es. Google ofrece también su programa Google Talk, que puede descargar del menú Más>Mucho más.

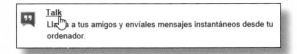

Figura 6.13. Descargue Google Talk en el menú Más>Mucho más.

Libros: El libro *Redes sociales*, de esta misma colección, describe el funcionamiento de Skype y otros programas de mensajería instantánea.

El programa de mensajería instantánea de Microsoft es Messenger. El método de descarga es similar al de cualquier otra descarga de Internet.

PRÁCTICA:

Descargue Messenger:

1. En la página principal de MSN, el portal de Microsoft, haga clic en el icono Messenger. Lo encontrará a la derecha de la casilla de búsquedas.

2. En la página siguiente de MSN, haga clic en Descargar Messenger.

3. Internet Explorer le ofrecerá la opción Ejecutar o Guardar el programa descargado. Haga clic en Guardar. Si Messenger lleva la indicación "en inglés", haga clic en Cambiar para descargarlo en español.

4. Cuando finalice la descarga, haga clic en Ejecutar para instalar el programa.

5. Windows Live le ofrecerá instalar varios programas, como Movie Maker o la Galería de fotos. Puede descargarlos todos o elegir solamente los que le interesen. Todos ellos son gratuitos y muy útiles.

6. Messenger se pondrá en marcha y pedirá su clave de acceso. Son los mismos que Hotmail, Outlook, SkyDrive y Windows 8. Haga clic en Iniciar sesión.

Una vez instalados, encontrará nuevos mosaicos en la pantalla Inicio de Windows 8, para poner en marcha los nuevos programas.

- Para poner en marcha Messenger, haga clic en su mosaico.

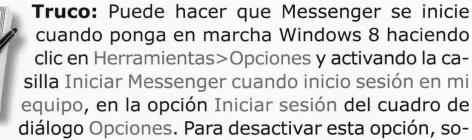

Truco: Puede hacer que Messenger se inicie cuando ponga en marcha Windows 8 haciendo clic en Herramientas>Opciones y activando la casilla Iniciar Messenger cuando inicio sesión en mi equipo, en la opción Iniciar sesión del cuadro de diálogo Opciones. Para desactivar esta opción, solamente tiene que hacer de nuevo clic en la misma casilla.

- Para salir de Messenger, haga clic en la pequeña flecha abajo situada junto a su nombre y seleccione Salir de Messenger en el menú. Este mismo menú tiene opciones para mostrar la barra de menús y acceder a ellos desde la ventana de Messenger. En tal caso, encontrará la opción Salir de Messenger en el menú Archivo.

Figura 6.14. El menú de Messenger.

Truco: Si cierra la ventana de Messenger haciendo clic en el botón con forma de aspa, el programa se minimizará pero no se cerrará. Para cerrar la sesión y/o salir de Messenger, haga clic con el botón derecho del ratón en el icono Messenger de la barra de tareas y seleccione Salir de Messenger.

- Si Messenger ocupa toda la pantalla, puede pasar a vista compacta haciendo clic en el botón **Cambiar a vista compacta**, situado en la esquina superior derecha de la ventana, junto a su nombre y la bandeja de entrada.

- Messenger incorporará los contactos de Hotmail. Para agregar nuevos contactos o editar los existentes haga clic en el menú Contactos y seleccione la opción que desee.

Advertencia: Si agrega un nuevo contacto, Messenger le enviará una solicitud de amistad en su nombre. Cuando la persona acepte su amistad, entonces podrá agregar su dirección a su lista de contactos y comunicar con esa persona. Esta es una norma de privacidad que emplean la mayoría de las redes sociales.

- Para comunicar con un contacto, haga clic sobre su nombre y seleccione la acción que desee. Si la persona está conectada, puede enviarle un mensaje instantáneo o un mensaje de vídeo. Si la persona no está conectada, puede invitarle a conectarse con un mensaje de correo.

Figura 6.15. El menú del contacto.

OBTENGA SU ESPACIO EN LA NUBE

La nube es el nombre genérico que reciben las plataformas capaces de almacenar archivos en Internet, en vez de hacerlo en el ordenador de cada usuario. La plataforma de Microsoft es, como dijimos, SkyDrive, pero también puede usar la nube de Google, Google Drive, que permite sincronizar documentos, imágenes y otros archivos desde los recursos de Google, como Google Docs o Picasa. Al igual que SkyDrive, Google Drive permite almacenar y acceder a sus archivos desde cualquier dispositivo, ya sea su ordenador, su teléfono móvil, una tableta, etc.

Puede descargar Google Drive directamente desde la barra de herramientas de la página principal de Google, haciendo clic en Drive.

SkyDrive

La plataforma de Microsoft aparece al hacer clic en el mosaico SkyDrive. Puede subir a ella cualquier documento así como imágenes o fotografías e invitar a sus amigos a compartir esos archivos, facilitándoles la contraseña. También podrá configurar su espacio para que quienes accedan a él puedan visualizar sus contenidos, descargarlos o modificarlos, según los permisos que usted otorgue.

PRÁCTICA:

Suba un archivo a la nube:

1. Haga clic en el mosaico SkyDrive, en la pantalla Inicio de Windows 8.

2. Haga clic con el botón derecho del ratón en la parte inferior de la ventana para ver los iconos.

3. Haga clic en Nueva carpeta.

Figura 6.16. El icono Nueva carpeta.

4. Escriba un nombre para la nueva carpeta y haga clic en Crear carpeta.

5. Haga clic en la nueva carpeta para abrirla y después haga clic con el botón derecho en la parte inferior para ver de nuevo los iconos.

6. Haga clic en Cargar. Está junto a Nueva carpeta.

7. Localice el archivo a cargar. Windows 8 le remitirá a la pantalla de búsquedas, Archivos. Ahí encontrará los documentos almacenados en su equipo. Si se trata de imágenes, haga clic en Archivos para desplegar el menú y seleccione Imágenes.

8. Cuando haya seleccionado el documento o imagen a cargar, haga clic en Agregar a SkyDrive. Esta opción se activa cuando se selecciona un objeto.

   `Agregar a SkyDrive`

9. En la carpeta que ha creado, podrá ver el progreso de los archivos que se están cargando. Si no puede verlos, haga clic en el enlace n elementos en curso, que muestra la figura 6.17. Lo encontrará en el extremo superior derecho de la nueva carpeta.

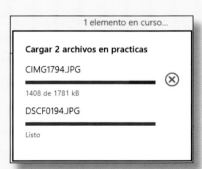

Figura 6.17. El proceso de carga de archivos.

10. Haga clic con el botón derecho para ver los iconos y seleccione la acción que desee. Si hace clic en Descargar, verá que el programa le pide la contraseña.